本书受到上海大学新闻传播学院部校共建经费项目资助,为"马克思主义新闻观系列"专著成果。

A New Discussion on Advertising Education in Foreign Universities

国外高校广告教育新论

查灿长　李艳松　杨　钊　著

复旦大学出版社

序

本书主要是以美国、英国和日本的广告教育为个案,对当前国外高校广告教育现况作一梳理性考察和研究。

今天的美、英、日等国是当今世界上广告产业最为发达的国家,全球最大的10家著名跨国广告公司几乎均出自这三国,仅美国一国的广告收入就占世界广告总收入的近一半,其广告从业人员多达十万之众。随着4A跨国广告公司在全世界的扩张与传播,美、英、日的广告理念和广告运作模式也在全球范围内产生了重要影响。

美、英、日三国之所以能够形成庞大且成熟的全球性广告市场,与它们普及程度高且先进的广告教育密切相关。大学的专业广告教育和公司的实务广告教育是这些国家广告人才培养的主要路径和个性方式。同时,美、英、日的广告教育至今已有100多年的历史,它们是世界上最早开始并着力培养广告学专业人才的国家。

经过百年的探索、发展与积淀,当今世界的广告学界形成了美国"大学式"、英国"跨学科式"与日本"公司式"这三大较为成熟和完整的广告教育体系与广告教育模式,它们的专业设置理念、学制建构框架、课程设计目标、人才培养方式、师生结构比例、实践教学活动、学生就业方向、学术研究氛围等,在世界广告教育史上都具有重要影响,占据重要地位,并显示出独特的优势。今天,仅美国就有170多所大学设有本科广告学专业,50多所大学设有广告学方向硕士学位点,20多所大学拥有广告学方向博士学位授予权。

本书通过对美、英、日三国广告教育发展的历史脉络与现实状态、广告人才培养的理念目标与价值指向、广告学的学科归属与学科交叉、广告教育实践的多元模式与个性特点、广告教育衍生的社会组织与学术活动、广告教育发展的趋势走向与前瞻思考等进行了尽可能详细的考察、解析和阐释，以期为我国高校广告学专业人才的教育与培养提供诸多有益的借鉴、启迪与思考，进而为创新我国的广告教育模式，加速培养我国广告事业急需的优秀广告人才作出贡献。

目　　录

引　言 / 001

第一章　国外广告教育的起源与现状 / 008

第一节　广告教育的起源与发展 / 008

一、19世纪末20世纪初：西方报刊业的快速发展 / 009

二、19世纪末20世纪初：现代广告时代的到来 / 013

三、早期广告教育的兴起 / 025

四、早期广告论著与广告刊物的涌现 / 036

第二节　广告教育的现状与地位 / 043

一、广告学专业已成为当代美国高校的主流专业 / 044

二、广告学专业在当代英国高等教育中颇具特点 / 047

三、广告教育在日本的高校与业界具有重要影响 / 060

第三节　广告教育的现状 / 066

一、各国广告教育萌芽与源起的特殊性 / 067

二、各国广告教育的发展水平具有不均衡性 / 067

第二章　国外高校广告教育的理念与课程体系 / 071

第一节　国外高校广告教育的理念与目标 / 071

一、美国当代广告教育的理念 / 072

　　　　二、日本当代广告教育目标的特征　/ 077

　　　　三、英国当代广告教育的价值取向　/ 079

　　第二节　国外高校广告教育的课程体系与师资构成　/ 085

　　　　一、美国大学广告学专业的课程设置　/ 085

　　　　二、英国大学广告学专业的课程设置　/ 103

　　　　三、日本大学与广告公司的广告讲座、广告培训概况　/ 112

　　　　四、国外高校广告教育的师资结构　/ 129

第三章　国外高校广告学的学科归属与学科交叉　/ 136

　　第一节　国外高校广告学的学科演变与归属　/ 136

　　　　一、美国：从商学向传播学的转向　/ 136

　　　　二、英国：分归于传播学、商学和艺术学　/ 141

　　　　三、日本：倾向于商学、社会学与艺术学　/ 143

　　第二节　国外高校广告学的学理外延与学科交叉　/ 145

　　　　一、广告学与公共关系学的交叉与渗透　/ 145

　　　　二、广告学与商学/营销学的互动与整合　/ 148

　　　　三、广告学与会展学的近缘与重合　/ 151

第四章　国外高校广告教育的主要模式与基本特点　/ 154

　　第一节　美国的"大学式"广告教育模式　/ 155

　　　　一、密苏里大学的广告教育模式　/ 157

　　　　二、田纳西大学的广告教育模式　/ 163

　　　　三、得克萨斯大学奥斯汀分校的广告教育模式　/ 166

　　第二节　日本的"公司式"广告教育模式　/ 171

　　　　一、大学与公司的"双轨制"广告教育　/ 171

　　　　二、电通公司的广告教育模式　/ 172

第三节 注重实践教学与学生竞赛活动 / 182
　　一、重要的行业协会组织 / 183
　　二、广告学专业学生参与实践的行业组织简介 / 190
　　三、美国高校广告学专业学生参加的主要竞赛 / 193

第五章　国外广告教育的社会组织与出版刊物 / 197

第一节 广告社会组织与广告教育的多维架构 / 197
　　一、欧美广告社会组织的多重组建 / 197
　　二、日本广告社会组织的多元形态 / 204
　　三、其他国家广告社会组织的多向发展 / 209
第二节 国外广告期刊对广告教育的影响 / 210
　　一、广告期刊的知识分层和内容架构 / 210
　　二、美国、英国、日本的广告期刊情况 / 212

第六章　国外高校广告教育的发展趋势 / 214

第一节 国外高校广告教育的个性化发展趋势 / 214
　　一、美国广告教育的发展趋势 / 215
　　二、日本广告教育的发展趋势 / 221
第二节 国外广告教育对中国广告教育的启示 / 224
　　一、中国广告教育的理念和目标 / 227
　　二、广告学专业课程体系的个性诉求 / 227
　　三、广告学专业课程教学领域的拓展 / 232

主要参考文献 / 235

后　　记 / 238

引　言

一

高校广告教育是于20世纪初在西方广告产业大国中兴起的一项以广告学为主旨内容的正规高等教育。高校广告教育既是现代广告产业发展到一定阶段的必然产物，也是现代广告产业得以快速发展的核心支撑源和不竭驱动力。

现代生产力的第一要素是掌握现代知识的人。高校广告教育的兴起，使现代广告产业发展的前提要素——掌握现代广告知识的广告人才有了供给基础、支持保障与前进动力。尽管长期以来各国高校广告教育所培养出来的广告人才在质量上和数量上还不能完全满足广告业界不断增长的诸多要求，但现代广告产业的发展历史已经证明，广告教育对其所服务的广告产业具有重要的有时甚至是决定性的作用和影响。今天的美、英、日三国之所以能成为当代世界最强的广告产业大国，是与它们历经百年的广告教育及由此形成的具有本国个性特征的广告教育模式分不开的。

改革开放40多年来，中国的广告产业突飞猛进。到2018年，我国已拥有逾137万家广告公司，从业人员超过558万人，广告经营额达7991亿元人民币（约合1229亿美元）[①]，一跃成为世界第二大广告产业

[①] 参见中国广告协会：《中国广告市场报告》，中国工商出版社2020年版，第6页。

市场。与此同时,中国的广告教育事业也空前发展,我国已有420多所高校设置了广告学本科专业①,50多所大学设有广告学方向硕士学位点②,超过10所大学拥有广告学方向博士学位授予权,一跃成为世界广告教育大国。

然而,放眼世界,与世界一流的广告强国相比,我们得到的结论是:中国目前的广告产业还基本处于粗放式经营阶段,因为今天的中国虽然拥有世界上数量最庞大的130多万家广告公司,但是至今还没有一家进入世界级跨国大型广告公司的行列。同时,中国目前的广告教育事业还处于起步阶段,因为今天的中国虽然拥有世界上数量最庞大的420多所设置广告学专业的高校,但是至今还没有一所大学拥有世界一流的广告学专业,还没有一所大学可以引领世界广告教育的学术潮流。中国无疑是一个广告产业和广告教育的大国,但目前还不是一个广告产业和广告教育的强国,在当今以"质"为王的时代,中国的广告教育事业自是任重道远。

"他山之石,可以攻玉。"深入研究国外高校广告教育的发展路径和运作模式,深刻汲取国外广告教育的科学理念和成功经验,尤其是对世界广告强国——美、英、日三国广告教育的内涵展开深入的考察与研究,将为方兴蓬勃的我国高校广告教育事业的发展注入一股强大的动力,提供诸多可供解读的典例范式,也将为中国广告产业培养具有国际竞争力的优质广告人才提供一个可实践操作的参考模板,尤其将为中国建构符合国情且具特色的中国广告教育模式提供科学的参考系与理论建构依据。因此,本书的研究内容对我国的高校广告教育事业具有一定的理论意义和应用价值。

---

① 参见闫琰、陈培爱:《中国广告教育三十年研究:1983—2013》,厦门大学出版社2017年版,第2页。
② 根据中国研究生招生信息网资料整理,我国设置新闻传播学学科类别的院校有116所,其中,在新闻传播学学科类别中设有广告学专业或广告学研究方向的研究生招生院校有50所,直接设置广告学专业硕士点的院校有8所。

二

必须指出的是，国外对广告教育的关注和研究已有近百年的历史，尤其是近 70 年来，西方广告产业大国加大了对广告教育进行全面、系统研究的力度。1959 年，在美国卡内基基金会（Carnegie Corporation of New York）和福特基金会（The Ford Foundation）分别资助下独立发表的两项关于大学广告教育问题的调查报告，在学界掀起新一轮对广告教育研究的高潮；1967 年，日本成立日经广告研究所，相继创办学术期刊《日经广告研究所报》和《广研报告》，对日本业界广告教育的诸多理论问题作了深入解评；美国得克萨斯大学奥斯汀分校于 20 世纪 90 年代发表的《关于未来广告教育的思考白皮书》（Thoughts about the Future of Advertising a White Paper）和 21 世纪初发表的《2001 年广告教育峰会报告》（White Paper Report on the Advertising Education Summit 2001）等，对当代美国广告教育的状况及社会效应问题等进行了深入调研、客观评析和深度展望；美国著名学者比利·I.罗斯（Billy I. Ross）先后于 2006 年和 2008 年出版的《广告教育：昨天、今天与明天》（Advertising Education: Yesterday-Today-Tomorrow）和《广告教育 100 年》（A Century of Advertising Education）两部专著，对百年来的美国广告教育进行了开创性的梳理、总结与前瞻；英国的英国教育、高等教育与研究机构等教育网站专设了广告教育研究栏目，对英国近百年来的广告教育展开了多方向考察与深入探究。不过，西方学界或业界的这些具有重要意义与实践价值的学术成果主要集中于其本国范围内的广告教育，从国际视野对世界主要广告大国的广告教育进行综合性比较的研究目前尚无系统成果面世。

反观国内，自厦门大学于 1983 年设置广告学本科专业以来，学界对广告教育的研究随之启动且发展迅速。据统计,《现代传播(中国传媒大学学报)》《国际新闻界》《新闻大学》《新闻界》《中国广告》《现代广告》《广告研究》等专业期刊及一些高校学报先后刊发了50多篇有关西方广告教育的学术论文。其中,哈筱盈的《美国广告教育概况》(《中国广告》1995年第4期)概述了美国广告产业的发达与其广告教育蓬勃发展之实况;王润泽的《日本的广告教育》(《国际新闻界》2002年第4期)分析了日本广告人才培养的两大途径,归纳并阐释了日本广告教育的主要内容;朱磊的《日本广告教育发展现状》(《现代广告》2005年第9期)也以日本广告学界和广告业界的广告教育之现状来评析日本广告教育的诸多特点;高运锋的《英国大学广告教育模式》(《现代广告》2005年第9期)通过对英国广告学专业的学制与招生、课程与师资、教学方法与专业实习等表现的概述,点评了英国广告教育模式的内涵与特征;董占军的《德国广告教育札记》(《现代广告》2005年第9期)从广告设计的艺术角度对德国的广告教育作了梳理性论述;杨倩的《美国大学广告教育现状综述》[《东南大学学报》(哲学社会科学版)2005年12月第7卷增刊]对美国高校的广告教育现状进行了较为详细的概述;赵心树和杜英合作的《国外广告专业现状和发展趋势——美国高校广告专业发展现状》(《现代广告》2005年第9期)从美国高校广告课程的设置来说明和论证了当代美国高校广告教育的目标取向;高运锋的《传统广告教学领域的新视角》(《现代广告》2005年第9期)通过节选美国广告教育白皮书的主要内容,为21世纪中国广告学科的发展趋势和研究走向作了判断;陈月明的《美国高校广告教育》[《宁波大学学报》(教育科学版)2006年第2期]介绍了美国著名的几个广告学专业的课程设置与学科结构,并探究了美国广告学专业教育及人才培养的理念和目标;约翰·C.施维茨(John C. Schweitzer)和李世凡合作的《美国广告教育的发展研究》[《广告大观》(理论版)2006年第3期]追溯了自1963年以来美国广告教育的发展、广告课程的数量和学习广告学学生的数量持续增长的实况和面临的问题与挑战；刘悦坦的《中、美高校广告学专业的学科归属》[《山西大学学报》(高等教育版)2006年第4期]论述并求证了美国高校广告学教育的学科归属问题；乔均和程红合作的《美国广告教育的历史变迁及现状分析》(《中国广告》2007年第12期)概括性地对美国高校广告教育从开设广告课程的状况、广告学专业发展到广告研究的现况进行了梳理和述评；李翠莲和范志国合作的《美国广告教育的启示》(《广告人》2009年第1期)通过比较提出了广告学专业师资的业界经验是中国广告教育亟须借鉴的重要见解；梁冬梅的《美国高校广告教育的经验及启示》(《教育探索》2013年第11期)介绍了美国高校广告教育的教育理念、课程设置、师资配备及实践教学等对我国广告教育的启示；查灿长和李洋合作的《美国高校广告教育的课程体系与师资构成刍议》(《新闻大学》2016年第2期)详解了美国高校广告课程体系与师资结构的内在逻辑和科学匹配实况；韩红星、徐婷婷的《聚焦美国广告教育——基于美国〈广告教育期刊〉的探讨》(《教育传媒研究》2017年第4期)基于美国《广告教育期刊》20多年来的相关文献，细致地描述了美国广告教育研究的现状和趋势；杨晨的《新媒体背景下美国广告教育的趋势探讨》(《传播力研究》2018年第5期)以美国有关高校广告学专业的转型为切入点，对新媒体时期美国广告教育的发展趋势进行了观察；等等。上述这些学术成果对美国、英国、日本及德国等这些当代广告产业大国的广告教育情况进行了具有开拓意义和专题性的考察与研究。国内具有重要意义的研究成果主要集中于对西方(如美国、英国、日本等)某一国家的广告教育之基本内容的概述与论证，而将几个最重要的广告产业大国的广告教育情况进行较为详尽的纵向梳理和横向结合、系统对比与实证研究的重要成果至今还没有出现。

综上，由于国内外对世界主要广告产业大国的广告教育情况还缺乏综合性的系统梳理与多方位考察，这就为本书将几个世界最主要的广告产业大国(如美国、英国、日本三国)的广告教育模式作为研究主体来进行综合性考察的《国外高校广告教育研究》(已于 2010 年出版)和《国外高校广告教育新论》(本书)之深入持续研究留出了很大的实证与思考空间。

三

本书拟在国内学者原有的广告教育研究成果基础上,将国外(主要是美国、英国、日本)高校广告教育实况放在当代世界广告产业加速发展的时空大环境下,考察其在历史发展过程中的客观背景与现实表现之间的诸多不同特点,目的是通过概括和展示当代广告教育运作过程中具有的最一般的现象、规律及内涵,探索一条我国在全球信息与新媒体技术革命背景下能有效地进行广告教育改革与培养广告创新人才的科学路径。

为此,本书拟以美国、英国、日本这三大广告产业大国的广告教育为基础蓝本,对当代广告教育的理念目标与价值取向、教学体制与课程内容、内外实践与社会活动、学科归属与学理交叉等主要要素进行较为系统的研究,并对现代广告教育的基本内容与运作方式进行客观的归纳与总结。同时,本书以广告教育模式,即广告教育的理论、实践及其他要素综合为一体的简化范式为基础,通过美国的密苏里大学、田纳西大学和得克萨斯大学,日本的电通公司和博报堂公司,以及英国的阿尔斯特大学和切斯特大学为个案,深入考察和对比当前世界主流广告教育模式的基本结构、个性特征及其内在关系,并以此来探索和判断当代广告教育在理论与实践方面的需求与趋势。

本书将遵循马克思主义基本理论,汲取国内外有关高校广告教育研究成果的养分,力避机械比较和功能主义,以较为充分的文献档案资料为基础,进行统筹分类比较,着重对各国广告教育的内涵进行归纳、提炼和总结。在技术路径上，本书在国内相关纸质与电子文档资料基本收集完备的基础上，再集中对美国、英国、日本等的国家图书馆网站的电子文档库（有关白皮书和报告等）、电子专业期刊库（有关学术论文）、大学图书馆网站（有关大学的专业情况资料）以及部分4A广告公司的资料进行收集、整理与编辑，从而建立起本书在研究时所需的基本资料数据库。

自然，本书将不拘泥于西方近百年来在广告教育中逐渐形成的各种广告教育模式的局限，拟通过系统梳理和比较美国、英国、日本三国的广告教育理论与广告教学实践等要素间互动关系的历史进程、现实状态、社会影响和发展前景，对当代广告教育的时代诉求、内质要素、文化特征、实践价值、现实意义等作出客观的总结与阐释，以期为中国广告教育事业进行具有创新性和前瞻性的探索，进而为建构一个符合我国实际且可解读、可实践的中国广告教育模式提供可供参考的个案范式，这也是本书的初衷和期待。

第一章　国外广告教育的起源与现状

任何一门新学科的产生与发展,都是社会的政治、经济和文化发展到一定阶段而产生相应需求的必然结果。

现代意义上的广告教育萌发于19世纪末20世纪初第二次工业革命时的西方发达国家,它是现代社会工业化、城市化和市场化浪潮下,各先进国家广告产业迅速发展而导致广告人才培养成为社会与行业急需的产物。自然,由于国情不同,各发达国家广告教育的起源、路径、水平等也不尽相同,它们广告教育的历史与现状也由此具有差异。

第一节　广告教育的起源与发展

广告教育得以兴起与发展的基础是广告产业的发达及其对广告学专业人才的需求,现代广告产业的出现和繁荣则源自西方近代报刊业的兴起与快速发展。

第一次工业革命后,世界便迅速进入了工业化、城市化和市场化时代。工业化、城市化和市场化的一个直接后果就是以报刊为介质的大众传媒时代的到来。

19世纪中叶,随着金属印刷技术的普及①、机器造纸业的出现、电报

---

① 1438年,德国人约翰·古腾堡(Johann Gutenberg,1398—1468)发明了金属活字印刷,大大提高了印刷的质量和速度,成为近代广告变革中的一介重要物质因素。

（1837年）、照片（1838年）与电话（1876年）的先后发明、铁路与轮船的商业运营、邮政及电话/电报等信息传输系统的建立等，这一切划时代事件的聚合效应所引发的世界范围具有质变意义的革命性变化，极大地刺激了欧、美、日（明治维新后）等国报刊业的快速兴起，并导致近代报刊的不断涌现和大量发行，西方国家由此迅速地进入大众传媒时代。

一、19世纪末20世纪初：西方报刊业的快速发展

近代意义上的广告产业源自近代大众传媒时代，而近代大众传媒时代的形成是以西方近代报刊业的兴起与发展为主要标志的。

据《不列颠百科全书》对欧洲一些国家最早出版的印刷报纸的研究和确认，在17世纪初时，欧洲诸多国家就已出现了具有近代意义的印刷报纸，如荷兰安特卫普的《新闻报》（Nieuwe Tijdinghen，1609年创刊）、德国的《通告报》（Relationoder Zeitung，1609年创刊）、德国的《法兰克福新闻》（Frankfurter Journal，1615年出版）、英国的《每周新闻》（Weekly News，1621年创刊），以及法国的《公报》（La Gazette，1631年创刊）等[1]。据1875年英国出版的《早期广告史：奇闻逸事与传记资料》（A History of Advertising from the Earliest Times：Illustraded by Anecdotes，Curious Specimens and Biographical Notes）记载，早在1594年，德国的科伦地区就出现了《法比信使》（Mercurius Gello-Belgicus）报纸[2]，因此，一般认为世界上最早的报纸应该是诞生于16世纪末的欧洲。到18世纪中叶的第一次工业革命后，已走向近代工业化的英、法、德、美等国几乎都在这段时间完成了走向近代报业大国的历程。

（一）英、法是西方近代报业的鼻祖

英国是老牌资本主义国家，第一次工业革命就诞生在英国，它也是世

---

[1] 美国不列颠百科全书公司：《不列颠百科全书》（国际中文版第12卷），中国大百科全书出版社不列颠百科全书编辑部编译，中国大百科全书出版社2002年版，第136页。

[2] Henry Sampson, A History of Advertising from the Earliest Times: Illustraded by Anecdotes, Curious Specimens and Biographical Notes, Chatto and Windus, 1875, p.2.

界近代印刷报纸最早面世的国家之一。1621年8月13日,英国出刊了其第一份定期出版的新闻书——《每周新闻》;1643年,英国最早的保皇党报纸《英国信使》(Mercurius Aulicus)在牛津出刊;1665年11月16日,英国历史上第一张真正意义上的报纸——《牛津公报》(Oxford Gazette)正式发行;1702年3月11日,英国的第一份日报《每日新闻》(The Daily Courant)在伦敦创刊;1706年,英国的第一份晚报《晚邮报》(Evening Post)在伦敦街头发行。之后,《观察家报》(The Observer,1791年)、《每日电讯报》(The Daily Telegraph,1855年)、《金融时报》(Financial Times,1888年)等报纸先后于伦敦创刊。同时,许多印刷杂志也在英国街头出现,1731年英国出版的《绅士杂志》(The Gentleman's Magazine)最早使用"magazine"(杂志)一词称呼期刊,而《旁观者》(The Spectator,1828年)、《经济学人》(The Economist,1843年)等期刊也在19世纪上半叶先后在英国刊行。

英国近代报业的发展速度十分惊人,1700年,全英有25家报纸,发行量总计为50万份。1753年,各种报纸的发行量为740多万份,1760年为946万份,1767年为1130万份,1790年为1403万份,1792年为1500万份[①]。到1800年,全英报纸数量增长到258家,发行量总计达1608万份。诞生于1785年的《泰晤士报》(The Times)在1814年的发行量仅有7 000余份;1847年,该报的发行量达20 000多份;到1855年时则更是超过60 000份,这一数字表明,《泰晤士报》在当时已是一份发行量非常可观的报纸[②]。

[①] Henry Sampson, *A History of Advertising from the Earliest Times: Illustrated by Anecdotes, Curious Specimens and Biographical Notes*, Chatto and Windus, 1875, p.4.

[②] 《泰晤士报》由约翰·沃尔特(John Walter)于1785年创刊。最初,该报的名称是《世鉴日报》(*The Daily Universal Register*),1788年1月1日正式改为《泰晤士报》。该报自创刊以来发行量较大且一直盈利,长期以来都是英国最为著名的报纸之一。文中该报1814—1855年发行量的数据,转引自李磊:《外国新闻史教程》(第2版),中国传媒大学出版社2008年版,第255—267页。

作为欧洲另一老牌资本主义国家的法国于1631年出刊了法国最早的印刷周报《公报》,其创办人雷诺道特(Theophraste Ronoudet)被称为"法国报业之父"。1762年,《法兰西报》(Gazette de France)在巴黎出刊;1777年,法国的第一份日报《巴黎新闻》(Journal de Paris)在巴黎发行;1854年,由亨利·德·威尔梅桑(Henri de Villemesant)创办的《费加罗报》(Le Figaro)现已成为世界著名的有150多年历史的法国最大的日报[①]。

(二)美国也是西方近代报业的肇始地之一

近代美国是欧洲的"移民"国家,早在独立战争(1775—1783)之前,美国东部地区的欧洲"移民"就将西方的思想文化与印刷技术引进这片所谓的"新大陆"。1690年9月25日,美国人本杰明·哈里斯(Benjamin Harris)在马萨诸塞州的波士顿创刊了北美大陆最早的印刷报纸——《国内外公共事件报》(Public Occurrences Both Foreign and Domestick);1704年4月24日,美洲大陆的第一份定期报纸《波士顿新闻通讯》(The Boston Newsletter,又名《波士顿信札》,于1776年2月停刊)在波士顿刊发;1729年,本杰明·富兰克林(Benjamin Franklin,被誉为"美国广告之父")创办的《宾夕法尼亚日报》(Pennsylvania Gazette)[②]在美国东部发行。独立战争之后,美国的经济快速发展,其报业随之大量创刊发行。1833年,美国第一张廉价报纸《纽约太阳报》(The Sun of New York)问世;1844年,美国第一本杂志《南方信使》(Southern Messenger)发刊……1830年,人口仅为2 350万的美国此时已拥有了800种各类报纸,其中

---

① 《费加罗报》由亨利·德·威尔梅桑于1854年创办,是法国现存历史最悠久的报纸。报名源于法国大作家加隆·德·博马舍(Pierre-Augustin Garon de Beaumarchais)创作的剧本《塞维勒的理发师》和《费加罗的婚礼》中的人物费加罗。《费加罗报》最初为周刊,1866年改为日报,1870年后因逐步加强政治报道而成为巴黎主要的政论报纸之一。二战期间,该报因拒绝与占领军合作而自行停刊,巴黎解放后,于1944年8月复刊。《费加罗报》现为法国最大的日报,其主要收入来自广告。

② 详情参见 http://www.britannica.com/EBchecked/topic/450165/Pennsylvania-Gazette。

有 50 种为日报①。南北战争(1861—1865)之后,美国更成为世界上经济发展最快的资本主义国家,同时也是世界近代报业发展最快的国家之一。

(三) 日本是西方近代报业的后起之秀

19 世纪中叶,在西方列强的船坚炮利下,日本被迫放弃锁国政策而向西方开放,并被强行纳入世界资本主义体系。明治维新(1868 年)后,日本的资本主义经济开始迅速崛起,在社会政治与商业因素的巨大吸引下,日本的近代报刊业兴起并逐步走上了资本性质的产业化经营之路,一批具有近代意义的印刷报纸在日本如雨后春笋般地出现。英国人汉莎德(A. W. Hawsard)早在 1861 年 6 月就在长崎创办了日本最早的外文报纸《长崎航讯》(The Nagasaki Express);同年 11 月,该报迁往横滨,改名为《日本信使》。其间,在日本的横滨还陆续出现了《日本快邮》《日本商业广告新闻》《日本时报》等专为外国人服务的外文报刊;1862 年,日本的第一份本土报纸《官版·巴达维亚新闻》出版;1863 年 10 月 27 日,日本的另外一份外文报纸《日本贸易新闻》(Japan Commercial News)问世;1865 年,由日裔美籍人滨田彦藏个人创办的日本第一家日文报纸《海外新闻》刊发;1867 年,《万国报》发行;1868 年,《中外新闻》《江湖新闻》出版。日本国内真正意义上的第一份日文报纸《横滨每日新闻》②于 1870 年面世。接着,《每日新闻》(1872)《读卖新闻》③(1874)、《日本经济新闻》(1876)、《朝日新闻》(1879)、《时事新报》(1882 年)等纷纷创办④。

---

① Henry Sampson, A History of Advertising from the Earliest Times: Illustrated by Anecdotes, Curious Specimens and Biographical Notes, Chatto And Windus, 1875, p.14.
② 《横滨每日新闻》于 1870 年创刊,是日本第一家定期出版的以西洋纸活铅字印刷的日报,它标志着日本真正意义上的近代报纸的诞生。
③ 19 世纪 70 年代以后,以盈利为主要目的的商业化通俗报刊"小报"在日本大量涌现。其中,最富有代表性的"小报"是于 1874 年在东京创刊的《读卖新闻》。
④ 20 世纪 50 年代初,《朝日新闻》《每日新闻》和《读卖新闻》是日本三足鼎立的主流报纸,这种现象持续至今。

到19世纪末,日本已是亚洲近代报刊业最为发达的国家之一。

19世纪末,世界报业在全球先进国家呈迅速发展之势,仅英、美两国发行的各类报纸就达2 000多种,杂志的种类更多,内容更丰富,面向的读者更广泛,发行量也更大。美国在1865年已经有700多种杂志,到1885年发展到3 300多种,刊物的发行总量每周高达1 500万份[①]。

报纸(包括期刊杂志)的大量发行、普及和市场化运作自然为各国报纸广告业的兴起与发展准备和创造了充足的空间和肥沃的土壤,催生了西欧、北美、东亚等地区印刷广告业的兴起和发达。

二、19世纪末20世纪初:现代广告时代的到来

现代广告时代的到来一般是以近代报纸广告的兴起为标志的。"西方城市报业的发展同许多社会因素的作用与影响有关,经济便是经常左右报纸发展的因素之一"[②],当商业化运作氛围下廉价报纸频繁出现时,"是广告、现代印刷技术以及为广大读者服务的新型记者一起,构成了当代西方大型城市报业的三个主要特征"[③]。

早在1472年,一个名叫威廉·卡克斯顿(William Caxton)的英国出版人就印制了推销宗教书籍的广告并将它张贴在伦敦街头,这应该是西方印刷广告的开端。但是,作为一种具有近代意义的产业,广告最初是伴随西方报业的发展而兴起的,即由新创刊的西方报刊在版面上大量刊登各类商业广告而直接推动了近代广告产业的出现、发展与繁荣。西方早期报纸广告的基本情况见表1-1。

[①] 姚曦、蒋亦冰:《简明世界广告史》,高等教育出版社2006年版,第66页。
[②] 陈立旭:《都市文化与都市精神:中外城市文化比较》,东南大学出版社2002年版,第184页。
[③] 同上。

表1-1 西方早期刊登报纸广告的时间、国家、报纸名称等简况

时间	国家	报纸名称	刊登广告的情况
1622年	英国第一份英文报纸	《每周新闻》	1650年开始刊登广告①
1665年	英国早期定期报纸	《牛津公报》(后改名《伦敦报》)	1666年开创报纸广告专栏
1777年	法国第一份日报	《巴黎新闻》	创刊起就刊登商业广告
1704年	美国第一份定期报纸	《波士顿新闻通讯》	创刊号就刊登大量广告
1729年	由美国人富兰克林创办	《宾夕法尼亚日报》	创刊号头版就刊登广告

(一) 美国在19世纪末20世纪初已是世界广告大国

美国不仅是西方近代报业的肇始地之一,也是19世纪末20世纪初时的世界广告大国。在独立战争之前,美国东部地区的经济已相当发达,许多商业广告于18世纪初叶就频繁地出现在当地的多份报纸和杂志上。比如,1704年出版的《波士顿新闻通讯》(Boston News Letter)在第三期的内页上刊登了三条告示,这是已知的美国最早的付费广告;1729年,由本杰明·富兰克林创办的《宾夕法尼亚日报》(Pennsylvania Gazette)则在创刊号的第一版上刊登了一则大版面的推销香皂的广告;美国的杂志广告也于1741年在一份名为《民众杂志》(General Magazine)的5月号上第一次出现了。1864年,有位传记作家评论道:"我们必须承认,是富兰克林创建了现代的广告系统。可以肯定地讲,自他开始以后,我们才能像今天这样用强大的宣传机器来进行广告宣传工作的。"②

---

① 关于世界上哪份报纸最早刊登现代广告的争议至今仍未解决。一种说法认为是1625年《英国信使报》刊登的一则图书出版广告;另一种说法认为1650年刊登在《每周新闻》(1622年由英国人托马斯·阿切尔创办)上的"寻马悬赏启示"是世界上最早的现代广告。参见杨海军、王成文:《世界商业广告史》,河南大学出版社2006年版,第113页。

② 参见《宾夕法尼亚日报》词条,百度百科,https://baike.baidu.com/item/宾夕法尼亚日报,最后浏览日期:2023年8月1日。

综上,南北战争后,美国进入了经济高速发展的阶段,经过近半个世纪的努力,到了19世纪下半叶,美国完成了第二次工业革命并跻身于世界一流工业强国之时,在商业因素与市场竞争的强烈刺激下,其广告业出现了空前的繁荣,具体表现为具有现代意义的广告学术著作、广告代理业及广告行业自律组织等大量涌现。

1. 关于现代广告的学术著作在美国大量出版

20世纪初叶,美国有关广告方面的著作不断面世:1900年,哈洛·盖尔(Harlow Gale)著的《广告心理学》(*On the Psychology of Advertising*)在明尼苏达州由明尼阿波利斯的出版商出版;1903年,沃尔特·D.斯科特(Walter Dill Scott)著的《广告理论》(*The Theory of Advertising*)由波士顿的小·梅纳德公司(Small-Maynard & Co.)出版;1910年,沃尔特·D.斯科特的另外一部广告学著作《广告心理学》①(*The Psychology of Advertising*)也由波士顿的小·梅纳德公司出版。此外,1900—1930年,美国相继出版了近20部各种广告理论方面的学术著作(详见本节"四、早期广告论著与广告刊物的涌现")。早在1898年,美国学者E. S. 刘易斯就提出了"AIDA"②这一广告受众法则,并成为当时在业界十分受关注的一项广告理论,他认为广告说服消费者的功能是通过广告信息刺激受众而实现的。一个广告要引起人们的关注并取得预期的效果,一般要经历受众对广告产生"注意""兴趣""欲望"及购买"行为"的递进过程。E. S. 刘易斯提出的"AIDA"广告受众法则对后人产生了很大影响,随后逐渐发展成"AIDCA"公式并一直沿用至今,是当今传统的"AIDMA"模式③与

---

① 该书是斯科特于1903年出版的《广告理论》的第三版,斯科特于1910年将其更名为《广告心理学》。其实,在1903年出版的时候,斯科特就想将它命名为《广告心理学》,只是当时受到了很多心理学者的反对,此书的更名昭示着广告心理学的胜利,这是代表商业的广告和代表科学的心理学的首次结合。

② "AIDA"是市场营销人员、广告撰稿人和销售人员的常用术语,是注意力(attention)、兴趣(interest)、欲望(desire)和行动(action)四个英文单词的首字母的简写。

③ 传统的"AIDMA"模式是 attention(注意)、interest(兴趣)、desire(欲望)、memory(记忆)和 action(行动)的缩写,五者是递进关系。

新媒体时代日本电通"AISAS"模式①的理论基础与来源。

2. 一系列涉及广告管理的法案法规在美国先后出台

美国有关广告的立法源自其地方政府,1911年出台的《普令泰因克广告法草案》(Printer's Ink Statute,也被称为《印刷油墨示范法令》)是美国最早的地方广告法案。该法案规定,任何人、任何企业和广告代理不得进行欺骗性的广告传播,任何不真实或令人误解的广告都将以诈骗罪论处。

1914年,美国国会通过了《联邦贸易委员会法案》(The Federal Trade Commission Act,简称FTCA),进一步规定了虚假广告的含义、法律责任、管理机构、处罚力度等,并根据该法案成立了由总统任命、经参议院推荐和批准的管理委员会。

1938年,美国国会通过了《惠勒-里亚修正案》(Wheeler-Lea Amendment),对虚假广告作了更为严格的界定与处罚,同时赋予联邦贸易委员会对广告管理以更大的权力。

上述一系列涉及广告管理的法案法规的出台,标志着20世纪上半叶的美国广告产业在政府的监管与法律控制下,已从无序竞争进入了有序发展的新阶段。

3. 世界范围内具有现代意义的广告代理业在美国迅速兴起

美国国内报刊广告业务量的大幅增加、报刊广告业的进一步扩展以及市场经济规律和商人逐利的敏感嗅觉,必然使为报刊广告提供配套服务的机构——广告代理业开始出现。

1841年,沃尔尼·帕尔默(Volney B. Palmer)在费城开展了自己的广告代理业务,他与当地的《米勒》报纸签约,以折扣价批量购买广告版面,然后再以略高的价格将版面零售给广告主(当时的广告主一般都是

---

① 日本电通的"AISAS"模式是attention(注意)、interest(兴趣)、search(搜寻)、action(购买)和share(信息共享)的缩写,五者也是递进关系。

自己准备广告文案或图案），这是美国乃至世界上最早的广告代理商雏形。

1865年，乔治·罗威尔（George P. Rowell）在波士顿开办了与沃尔尼·帕尔默广告代理业务类似的广告代理公司，从报纸、杂志社大量购进版面，随后以略高的价格转卖给广告主，他的广告活动在当时很受报刊出版商的欢迎。

1869年，美国费城出现了具有现代意义的广告公司——艾尔父子广告公司（N. W. Ayer & Son），他们不仅从报纸和杂志出版商处大量购进版面，随后以略高的价格转卖给广告主，而且还为客户提供广告设计、广告文案、广告建议和广告媒体安排等综合性服务。这家具有现代意义的广告公司被当今的广告史学家普遍誉为"现代广告公司的先驱"。

1873年，洛德暨托马斯广告公司（Lord & Thomas）的出现在美国广告的发展史上具有重要意义，以至于20世纪的广告大师如阿尔伯特·拉斯克（Albert Lasker）、约翰·肯尼迪（John E. Kennedy）、克劳德·霍普金斯（Claude Clarence Hopkins）等都曾在该公司工作，并受到该公司经营与发展的影响而称洛德暨托马斯广告公司为"美国广告大师的摇篮"。

当时，美国还出现了一系列至今都相当著名的专业广告公司，如1864年创立的智威汤逊广告公司（J. Walter Thompson，简称JWT）、1891年创立的天联广告公司（Batten, Barton, Durstine & Osborn，简称BBDO）、1902年创立的埃培智集团［Alfred W. Erickson，现为麦肯世界集团（McCann Erickson Worldwide）］等。

4. 广告行业自律组织在美国纷纷成立

广告产业的蓬勃发展使美国的广告行业自律组织应运而生，同时，广告行业组织从自发到自觉的建立过程也从一个侧面反映和标志着一个地区广告产业的成熟和发达。

美国最初的广告行业自律组织诞生于20世纪初的芝加哥。1903年,史密斯·奎尔(Smith B. Quayle)成立了辛辛那提广告人俱乐部(Advertising Club of Cincinnati);1905年,在圣路易斯出现了类似的组织,同年芝加哥广告协会(Chicago Advertising)成立。1905年,在芝加哥的一次会议上,辛辛那提、圣路易斯和芝加哥的广告俱乐部成为美国广告俱乐部联盟(Associated Advertising Clubs of America)的核心成员。此后,该组织着手在美国其他城市发展俱乐部成员[1]。

1910年,美国的广告商们在纽约成立了自己的行业组织——美国广告主协会[2](Association of National Advertisers,简称 ANA)。顾名思义,该协会的主要成员是广告主,宗旨是为入会的广告主提供服务,主要任务是促使广告主保有一种积极的商业态度和良好的商业信誉,协会还为广告主提供信息交流的平台,帮助广告主与有关媒介及消费者建立良好的合作关系[3]。

1917年,至今仍闻名于业界的美国广告代理商协会(American Association of Advertising Agencies,简称 4A)在纽约成立。与美国广告主协会不同的是,美国广告代理商协会的成员主要来自广告业界的代理商(所谓的广告公司),宗旨是为广大的广告客户提供市场调查、广告策划,制定媒介组合计划和促销活动计划,设计和制作广告等,并能提供评估和测定广告效果等专业服务。4A 的任务是建立一个较为健全的法制和通过对会员进行指导和帮助以建立一套广告和销售识别系统。4A 成立后,广告公司从单纯的媒介代理和创作服务,逐渐发展为全面的广告代

---

[1] 文春英:《外国广告发展史》,中国传媒大学出版社 2005 年版,第 130 页。
[2] 美国广告主协会是美国最早的广告业协会,1910 年 6 月 24 日创建于密歇根州底特律市。开始被称为全美广告管理者协会,1914 年改为美国广告主协会,并且沿用至今。现在拥有 400 多名成员的 9000 个品牌。
[3] ANA 目前有超过 300 家公司加盟,拥有各类专业信息网络人员,主要通过传统销售和电子商务市场的信息资源拓宽网络,帮助成员发展,并对工业趋势和销售方针提出意见,有助于提升成员的销售水平。详情参见 https://www.ana.net/about,最后浏览日期:2021 年 5 月 1 日。

理服务公司,也称为综合性广告代理公司①。4A 的出现是现代广告公司的标志性进步和发展,也是美国广告产业达到一个新阶段的实际体现。

美国早期广告业的繁荣还体现在美国广告收入的急剧增长上。1867 年,美国报刊广告收入的总额接近 1000 万美元。到 20 世纪初时,美国的广告产业规模已位居世界第一,仅在 1900 年美国报刊广告的收入总额就已接近 1 亿美元,到 1919 年激增至 5 亿多美元,到了 1927 年这一数额已高达 15 亿美元②。20 世纪 30 年代,广告业已是美国的一个庞大的支柱产业,此时的美国无疑是世界的广告大国。

(二) 英国在 19 世纪末 20 世纪初仍是世界的广告中心之一

19 世纪末 20 世纪初,世界范围内具有现代意义的广告业出现并获得空前发展,许多新兴资本主义国家(如美国)已成为世界级的广告大国,但老牌资本主义的英国不仅是西方近代报业的鼻祖,也仍然是 19 世纪末 20 世纪初世界广告产业的一个中心。

英国是世界范围内最早兴起印刷广告的国家,《英国信使报》(*English Mercurie*)早在 1625 年就刊登了图书出版广告,这被学界认为是世界上最早的报纸广告;1657 年,《公众报道》(*Public Advertiser*)刊出了一则咖啡广告,这被学界认为是世界上最早的商品广告③;1665 年创刊的英国《牛津公报》(*Oxford Gazetee*)[后改名为《伦敦报》(*London Gazetee*)]在第二年就开辟了广告专栏;等等。英国近代报纸创刊早、发行量大,促进了英国报纸广告业务的增加,而报纸广告业务的增多反过

---

① 4A 有 6 个国外委员会和 41 个国内委员会,国际分会包括中国、中国台湾和日本等。广告代理商协会成立后,广告公司从单纯的媒介代理和创作服务逐渐发展为全面的广告代理服务公司,也称为综合性广告代理公司。1995 年,在全球营业额前 25 位的广告公司中,公司总部设在美国的占 15 家,它们都是美国 4A 广告公司协会的成员,代表具有全面服务能力的广告代理公司。

② [美]吉尔伯特·C. 菲特、吉姆·E. 里斯:《美国经济史》,司徒淳、方秉铸译,辽宁人民出版社 1981 年版,第 434、697 页。

③ Henry Sampson, *A History of Advertising from the Earliest Times: Illustrated by Anecdotes, Curious Specimens and Biographical Notes*, Chatto And Windus, 1875, p. 72.

来也刺激了英国报业的繁荣。以《泰晤士报》为例,它在1815年的发行量为5000份,每天登载广告100多条;到1844年,其发行量已有23000份;1854年的发行量达到51648份,广告量也达到每天400多条。广告量的增加刺激了广告代理商的相继出现,世界第一家专业广告公司于1812年在伦敦开业①。1849年,英国的美瑟暨克劳瑟广告公司(Mather&Gowther,奥美广告公司的前身)的员工已有100人之多。该公司不仅向广告客户提供报纸版面,还可以为客户提供广告设计等方面的综合性服务。

19世纪下半叶至20世纪初叶,英国的广告业已相当发达,具有代表性的三个表现就是:出版了世界上最早的广告著作;颁布了世界上最早的广告法;成立了世界上最早的广告行业自律组织。

1. 英国出版了世界上最早的广告著作

一般认为,世界上已知最早的广告著作是在美国出版的。但实际上,早在1866年,英国伦敦皮卡迪利大街的约翰·卡姆登·哈顿书局(John Camden Hotten)就出版了拉乌德(Jacob Larwood)与哈顿(John Camden Hotten,也是书局的老板)合著的《路牌广告史:从早期到现在》(*The History of Signboards: From the Earliest Times to the Present Day*)一书,并在1908年由伦敦的查托&温都斯书局(Chatto and Windus)再版。

1875年,查托&温都斯书局还出版了亨利·萨博逊(Henry Sampson)写的《早期广告史:奇闻逸事与传记资料》一书。该书通过大量真实的逸事、有趣的范例及传记笔记等第一手资料,对17、18世纪的报纸广告、街头广告、幽默广告、虚假广告等作了非常详尽的介绍和评论,尤其是该书还在第十五章和第十九章对美国的《华盛顿邮报》和美国殖民地的广告作了大量叙述②。

---

① 赵育冀:《现代广告学》,中国商业出版社1987年版,第6页。
② 参见 Henry Sampson, *A History of Advertising from the Earliest Times: Illustrated by Anecdotes, Curious Specimens and Biographical Notes*, Chatto And Windus, 1875。

上述两本书是迄今为止人们所知的世界上最早出版的广告著作，比美国于 1900 年由明尼苏达州明尼阿波利斯出版商出版的哈洛·盖尔的《广告心理学》一书早了 34 年和 26 年①。

2. 英国是世界上最早颁布成文广告法的国家

英国不仅是世界上最早出版广告著作的国家，也是世界上最早颁布成文广告法的国家。1623 年，英国颁布了堪称现代专利法鼻祖的《垄断法》(Statute of Monopolies)，使英国成为世界上最早实行知识产权制度的国家。1710 年，英国议会制定了世界上第一个版权法《安妮法案》(The Statute of Anne)。1889 年，英国颁布了成文的《不当广告法》(Indecent Advertisements Act)，只不过这部广告法涉及的内容较为单一，形式也过于简单。1907 年，为了进一步规范日益发达的广告业，英国政府颁布了成文的《广告管理法》(Advertisements Regulation Act)，即通过国家的正式立法对英国当时广告产业的经营范围、内容和形式等进行严格的规定和限制，进而形成一部国家级法律。上述两部广告法是目前已知的世界上最早的比较完备的广告法，分别比美国于 1911 年颁布的《普令泰因克广告法草案》早了 22 年和 4 年。

随着英国经济的发展和广告产业的繁荣，英国政府在《不当广告法》和《广告管理法》的基础上，于 1925 年正式颁布了《广告法》②(The Code of Advertising)。之后，《广告法》的内容被不断修订和扩展，其间，英国其他许多有关广告管理的规定散布于英国的相关法律中。这些不断充实的法律条文逐渐构成对英国广告产业进行严格管理的广告法规体系，促使英国成为欧洲乃至世界上对广告管理最为严厉也最为成功的典范国家。

---

① 有关英国出版了世界上最早的广告著作的考据和论证，详见查灿长：《对国内〈路牌广告史〉和〈早期广告史〉研究中若干问题的勘正》，《上海大学学报》(社会科学版) 2012 年第 6 期，第 111—116 页。

② 《英国广告、促销和直销法规》(The British Code of Advertising, Sales Promotion and Direct Marketing)认为，英国的第一部广告法是由广告俱乐部协会在 1925 年颁布的。本文暂以 1889 年英国颁布的成文《不当广告法》(Indecent Advertisements Act)为其第一部广告法。

3. 英国是世界上最早成立广告行业自律组织的国家之一

英国在1900年(比美国早10年)于伦敦成立了它的第一个广告行业组织——广告主保护协会(the Advertisers Protection Society,简称APS),该组织于1920年更名为英国广告商联合会(The Incorporated Society of British Advertisers,简称ISBA)。ISBA成立的初衷是保护处于广告市场前端的广告主在媒介市场的商业自由与权益。该组织代表英国当时所有的广告主,包括与广告业有关的出版界、户外媒体、新闻媒介和主办者的利益。英国的广告协会(The Advertising Association,简称AA)于1926年成立,是唯一代表英国广告业共同利益的非营利性组织。

1931年10月,英国广告商联合会借鉴美国模式,发起并成立了具有很大影响力的英国发行稽核局(Audit Bureau of Circulations,简称ABC)。它是一个由广告代理商、广告主和出版商等联合组成的非营利性机构,职责是以独立身份规范英国报业和广告市场秩序,它的成立为完善英国广告诚信体系发挥了重要作用。ABC具有相当大的权威性,在当时的英国,一个广告客户与报社谈判广告业务时,广告客户首先要看的不是报社的广告价目表,而是一份由发行稽核局出具的报纸发行量稽核证书①。

---

① 英国广告商联合会借鉴美国模式,率先发起成立发行稽核局,致力于为全国性报纸的广告交易提供独立的发行数据,由于它的运作非常成功,后来广告从业者协会、报纸出版者协会、地区性报纸协会、期刊出版者协会纷纷加盟,ABC的地位正式确立。目前,英国ABC共有会员3500多个,从会员量上看它可能是世界上同类组织中规模最大的。按照英国著名广告代理公司竞立媒体(MediaCom)总经理史蒂夫·古德曼(Steve Goodman)的说法:"ABC给了我们很多信息和安全感。在谈判过程中,它充当了重要角色。"发行稽核局并非政府部门,而是一个由广告代理商、广告商和出版商等联合组成的非营利性机构,其职责是以独立身份依据统一标准对报刊发行量、网站访问量、商业展览的人流量等进行稽核审计,提供证明,并向业界公开。由于发行稽核局的审计证书具有独立性、透明性和可对比性的特点,因此被视为广告买卖双方谈判的重要依据,有行业交易的"硬通币"之誉。该机构自1931年10月成立以来,为规范英国报业和广告市场秩序、完善诚信体系发挥了重要作用。

(三) 日本在 19 世纪末 20 世纪初已是新兴的广告产业大国

19 世纪下半叶,在英、美等大国的广告产业迅速发展之际,近代意义的广告产业在日本悄然崛起。1853 年,美国海军舰队进入日本江户湾(今东京湾)岸的浦贺;次年,日本被迫与美国签订《神奈川条约》(又名《日米和亲条约》),同意向美国开放下田和函馆两个港口,并给予美国最惠国待遇等。日本的国门由此打开,随之产生的一个重要结果就是西方报纸在日本陆续创刊和发行,日本的报纸、广告产业也迅速兴起。

1. 日本近代报业与报纸广告的兴起

在日本最早出现的报纸是 1858 年从中国翻刻传入日本的《官板中外新报》,此报是由在中国宁波活动的外国传教士刊行的。英国商人汉莎德于 1861 年 6 月在长崎创办了英文报纸《长崎航讯》,同年 11 月,该报迁往横滨,改名为《日本信使》。其间,在日本的横滨还陆续出现了《日本快邮》《日本时报》等专为外国人服务的外文报刊,1861 年在横滨发刊的《日本商业广告新闻》(外文报纸)则是日本最早的专为外国人服务的英文版广告报纸[①]。1862 年 1 月,在蕃书调所(日本政府的翻译中心)工作的竖川三之桥和万屋兵四郎印刷发行了《官版巴达维亚新闻》(后改名为《官版海外新闻》,是日本最早的译文报纸),随后又发行了译文报纸《官版海外新闻别集》。1863 年 10 月 27 日,日本早期的另外一份外文报纸《日本贸易新闻》上刊出了最早的报纸广告。1867 年 2 月,由英国牧师贝里创办的日文报纸《万国新闻纸》在报道日本国内新闻时已大量插登广告,这也是日本最早的日文报纸广告[②],而且日本的"广告"一词最早就是出现在 1867 年 2 月的《万国新闻纸》上的。同年年初,日本最早的杂志《西洋杂志》也被创办[③]。

明治维新后,在西方政治、经济和文化的影响下,日本人自己开办的

[①] 李磊:《外国新闻史教程》(第 2 版),中国传媒大学出版社 2008 年版,第 139 页。
[②] 陈培爱:《中外广告史》,中国物价出版社 1997 年版,第 277 页。
[③] 参见李明水:《日本新闻传播史》,中国台湾大华晚报社 1987 版。

近代报业兴起,如《横滨每日新闻》(1870年)、《每日新闻》(1872年)、《读卖新闻》(1874年)、《朝日新闻》(1879年)、《时事新闻》(1882年)等一批报纸先后创刊发行,并成为当时日本最重要的广告媒体。这一时期,药品、化妆品、书籍、食品等的广告纷纷出现在这些报纸的各个版面上。其中,在1870年创刊的日本第一家日报《横滨每日新闻》的版面中,新闻与广告各占一半篇幅;1898年,《报知新闻》在日本首次推出职业介绍分类广告;1904年起,《大阪朝日新闻》每逢星期日都刊登创意广告;1906年,《大阪每日新闻》也开始在社会版开辟照片广告栏;等等。最早在报纸上专门刊文说明"广告"意义并鼓吹广告作用的是日本著名的启蒙思想家、学者福泽谕吉,他于1883年10月在《时事新报》的一篇社论中曾这样评价当时日本报纸广告的意义:"对于报纸买卖来说,广告犹如士兵的武器一样重要。"①该年由福泽谕吉负责的《时事新报》的广告收入已占到该报总收入的23％,该报的广告收入在随后的几年一直不断增加②。

2. 日本近代广告代理商与广告规制的相继出现

日本报业广告的快速发展刺激了日本广告代理商的出现。1880年,日本第一家广告代理商空气堂租在东京正式开业,随后,弘报堂(1886年)、三成社(1888年)、正喜路社(1890年)等广告代理公司纷纷创立。1895年10月博报堂的正式开业与1901年7月日本广告株式会社(电通的前身,是日本广告业中的第一家股份公司)的成立,更是日本早期广告业发展与繁荣的标志。1894—1900年,日本的广告代理公司数量剧增,仅东京就有约150家。

广告代理商和广告公司的大量涌现导致了一个自然结果,即广告市场的政府监管成为必然。1911年4月7日,日本颁布了广告管理法规《广告物取缔法》。1919年,日本制定了各地方行政单位的道路管理条

---

① 李磊:《外国新闻史教程》(第2版),中国传媒大学出版社2008年版,第152页。
② 同上。

例和交通管理条例,其中对户外广告(如招牌等)进行了规范。在政府进行广告规制的同时,日本广告行业组织也先后成立。1913年,以日本电报通信社为核心,由报纸、通信社、广告代理公司组成的广告行业组织新闻协会正式挂牌。1916年11月,大阪地区最有实力的九家广告代理公司合作组成了水曜会;1923年3月,东京的五大广告代理公司组成了一水会①。

三、早期广告教育的兴起

任何一门新学科的兴起与发展都是社会或经济发展到一定阶段的必然产物。

20世纪初,由第二次工业革命浪潮引发的诸多新兴学科在美、英、日等国相继涌现,当工程学、经济学、心理学、市场学等新型应用性学科和专业课程在许多发达国家的大学中开设和普及之时,诸如法学、商学、新闻学等新兴社会学科的专业教育也在这些国家的大学中迅速创立。在19世纪末西方广告产业蓬勃发展的刺激下,催生了19世纪末20世纪初广告学与广告教育在西方主要广告大国中出现并迅速发展。

19世纪末,西方广告产业的繁荣必然带来广告行业对广告人才的需求,以往传统的"作坊式"或"学徒式"培训方法,无论在量还是质上都已远远满足不了当时广告行业对各类广告学专业人才的需求。这种因快速发展而导致人才需求短缺的矛盾大大促进了美、英、日等国对广告教育的重视,它们通过采取实际措施以加速培养广告人才,现代意义的广告教育由此应运而生。

(一)美国广告教育的兴起

世界范围内具有现代意义的广告教育始于19世纪末20世纪初的

---

① 参见[日]八卷俊雄:《日本广告史》,日本经济新闻出版社1992年版;[日]内川芳美:《日本广告发展史》,日本电通1976年版。

美国,其标志是美国在大学里开始开设广告课程,并先后在一些大学里正式设置广告学专业。

1. 广告课程的开设——美国广告教育的开始

美国的广告教育始于19世纪末的课堂教育,其标志是当时正规学校课堂上出现了函授广告课程,并于19世纪末被正式引入美国大学课堂。

(1) 美国的广告教育始于19世纪末的函授广告课程

在19世纪,随着商业经济的繁荣与发达,人们在工作中渐渐地了解了广告的作用与魅力,许多大公司聘请了经验丰富的撰稿人来为自己培训选定的员工学习并制作报纸广告,但学习撰写和设计用于企业和产品的成功广告是需要时间和精力的。于是,教育工作者和商人共同建立了美国第一个广告课程和计划,尽管商人是广告教学发展的主要推动者,但他们的动机是培养具有专业精神的广告人才[1]。根据弗兰克·戈登·库尔森(Frank Gordon Coolsen)的说法,由于公众和媒体机构不愿或无法提供广告技能的指导,因此该领域有很大的开发空间。于是,函授学校应运而生,并在广告知识方面开设了备受赞誉的课程[2]。

在美国最早创办广告函授的学校是托马斯·福斯特(Thomas J. Foster)于1891年成立的国际函授学校,大约十年后,该校开始提供全面的广告函授课程。爱德华·T.佩奇(Edward T. Page,曾担任零售商的广告撰稿人)和塞缪尔·戴维斯(Samuel A. Davis,曾担任批发商的广告部门经理)两人于1896年在芝加哥创办了佩奇-戴维斯广告函授学院。瓦根塞勒(Wagenseller)撰写并于1902年出版的《广告理论与实践》(*The Theory and Practice of Advertising*)一书成为当时函授学校的主要教材[3]。

---

[1] Edd Applegate, *The Rise of Advertising in the United States: A History of Innovation to 1960*, The Scarecrow Press, 2012, p.237.
[2] Ibid., p.238.
[3] Ibid.

然而，当时一些从事广告工作的专业人士批评了这些学校，他们认为这些广告函授学校的课程和教学质量远远不能满足新兴广告产业的需要，提升广告教育的专业水平和专业地位迫在眉睫。正如舒尔茨所说："他们意识到正规化和标准化的教育是专业地位的先决条件。"[1]于是，广告课程引入正规大学的课堂成为时代的必然。

(2) 美国的广告教育于19世纪末被正式引入大学课堂

19世纪末，美国的一些著名大学开始设置广告课程。根据基思·约翰逊（Keith F. Johnson）和比利·罗斯所写的《对五年来美国高校广告与公关教育的回顾》(A Five-Year Regional Review of Advertising and Public Relations Education at U. S. Colleges and Universities)一文，美国最早开设的广告课程可追溯到1893年宾夕法尼亚大学沃顿商学院的约瑟夫·约翰逊（Joseph French Johnson）教授在该学院讲授的广告课，据悉，这是广告课程第一次正式进入大学的课堂[2]。

密苏里大学（University of Missouri）在1898年的有关课程里就增设了有关广告的内容和知识，但真正将广告单列为一门正式的大学课程的，是美国东部的纽约大学[3]。1905年，美国当时著名的约翰·沃纳梅克公司的广告经理霍奇科斯（W. R. Hotchkinss）在纽约大学的商学院单独开设了广告学（advertising）课程，从此，广告学便成为该商学院的一门常规主修课程[4]。1902年，伊利诺伊大学的修辞与演讲系（英语系）也开

---

[1] Edd Applegate, *The Rise of Advertising in the United States: A History of Innovation to 1960*, The Scarecrow Press, 2012, p.239.

[2] Keith F. Johnson, Billy I. Ross, "A Five-Year Regional Review of Advertising and Public Relations Education at U. S. Colleges and Universities," *Journal of Promotion Management*, 2001,1(7), p.254.

[3] 参见 Billy I. Ross, *Advertising Education: Yesterday-Today-Tomorrow*, Advertising Education Publications, 2006。密苏里大学早在1898年的课程表里就提到了广告方面的内容，但正式将广告作为一门大学课程的是纽约大学（1905年首先设置）。

[4] Billy I. Ross, *Advertising Education: Yesterday-Today-Tomorrow*, Advertising Education Publications, 2006, p.10.

设了新闻学的第一门课程——修辞学（rhetoric），其中的大部分课程内容侧重于广告①。

美国西北大学的社会心理学教授沃尔特·斯科特被称为美国"第一位杰出的广告学教师"（后来成为西北大学校长），1908年，他在西北大学商学院开设了商业心理学、广告学与推销学的课程，这是美国最早将广告学与新型应用学科进行学理交叉融汇而讲授的广告课程。

同样在1908年，密苏里大学在它刚设立的世界第一所新闻学院②中开设了第一门广告课程——广告与发布（advertising and publishing），由查尔斯·罗斯（Charles G. Ross，后来成为杜鲁门总统的新闻秘书）主讲③。不久，新闻学院又先后开设了广告学原理、广告写作、当前广告问题、广告征集和乡村报业管理等广告学课程④。在此要特别指出的是，密苏里大学在新闻学院正式开设广告学课程是一项具有标志性意义的举措，这意味着广告学从当时被普遍认为应归属于商学或营销学范畴的一门课程，开始朝向新闻/传播学的方向发展了。

此后，美国的广告课程在几年内得到了迅速扩展：堪萨斯大学于1908年开设；华盛顿大学于1910年开设；得克萨斯大学和俄勒冈大学于1914年开设等。第二次世界大战结束后，广告学在美国的大学中获得了长足发展，到1949年时，美国已有61所大学先后开设广告学课程（表1-2）。尤其是1945—1949年的5年时间里，就有16所大学新开设广告学课程。

---

① Edd Applegate, *The Rise of Advertising in the United States: A History of Innovation to 1960*, The Scarecrow Press, 2012, pp. 297-298.
② 密苏里大学新闻学院创建于1908年，当时的院长为沃尔特·威廉姆斯（Walter Williams），实际上在新闻学院成立之前就已开设新闻学课程30多年了。参见 Billy I. Ross, *Advertising Education: Yesterday-Today-Tomorrow*, Advertising Education Publications, 2006, p. 10。
③ Billy I. Ross, *Advertising Education: Yesterday-Today-Tomorrow*, Advertising Education Publications, 2006, p. 13.
④ Edd Applegate, *The Rise of Advertising in the United States: A History of Innovation to 1960*, The Scarecrow Press, 2012, p. 302.

表1-2　1900—1949年美国开设广告学课程的大学数量①

时　　间	新设广告学课程的大学数量(所)
1900—1909年	5
1910—1919年	11
1920—1929年	15
1930—1939年	13
1940—1949年	17
总计(截至1949年年底)	61

美国大学从19世纪末开始向学生讲授广告课程,到20世纪初期时,这一课程被正式单列开设,虽然时间跨度不长,却意味着美国的广告教育已经开始从"术"的实践阶段走向"学"的理论层次,开始了从经验积累到理论升华的演变过程。

2. 广告学专业的设置——美国广告教育正式进入大学

如果说广告课程的设置是广告教育的起步,广告学专业的正式设置则标志着广告教育真正步入正规教育的轨道。

作为创立了世界上第一个新闻学院的密苏里大学,早在1908年就正式在该院开设广告课程,它也是美国第一个正式单独建置广告学专业的大学——1913年,新闻学院始建美国(也是世界上)第一个广告学专业,并于1915年开始正式授予毕业生广告学专业学士学位,密苏里大学也因此成为世界上最早授予广告学专业学士学位的大学②。之后,纽约大学于1915年成立广告营销学系,马凯特大学、西北大学、威斯康星大学和俄克拉何马大学分别于1916年、1919年、1917年和1919年设立

---

① Billy I. Ross, *Advertising Education: Yesterday-Today-Tomorrow*, Advertising Education Publications, 2006, p.13.
② Keith F. Johnson, Billy I. Ross, "A Five-Year Regional Review of Advertising and Public Relations Education at U.S. Colleges and Universities," *Journal of Promotion Management*, 2001,1(7), p.254.

了广告学专业①。至 1919 年,美国已有 6 所大学设立了广告学专业;至 20 世纪 30 年代,已有 19 所大学可以颁授广告学学士学位。

需要特别指出的是,密苏里大学于 1913 年创建了美国第一个广告学本科专业后,又于 1921 年率先开设广告学硕士课程。从此以后,美国开设广告学硕士课程的大学迅速增多,20 世纪 30 年代,全美有 6 所新闻学院开设广告学硕士课程,1940 年代升至 16 所,50 年代为 27 所。到了 1964 年,共计有 34 所大学开设广告学硕士学位课程②。

今天的美国有 3 000 多所大学,设有广告学专业的大学(至 2017 年时)已有 170 所,其历史进程的具体量变概况见表 1-3。

表 1-3　1920—2017 年美国设有广告学专业的大学数量概况③

时间	拥有广告学专业的大学数量(所)
20 世纪 20 年代	6
20 世纪 30 年代	10
20 世纪 40 年代	19
20 世纪 50 年代	43
20 世纪 60 年代	59
20 世纪 70 年代	64
20 世纪 80 年代	90
20 世纪 90 年代	111
2000 年	152
2005 年	148
2017 年	170

① Billy I. Ross, *Advertising Education: Yesterday-Today-Tomorrow*, Advertising Education Publications, 2006, p.16.
② 赖建都:《台湾广告教育:回顾与前瞻》,台湾高雄复文图书出版社 2007 年版,第 11 页。
③ Billy I. Ross, *Advertising Education: Yesterday-Today-Tomorrow*, Advertising Education Publications, 2006, p.16. 2017 年的数据参见 2017 年版的 Billy I. Ross, *Where Shall I Go to Study Advertising and Public Relations?*。

3. 广告教育组织的建立——美国广告教育的纵深发展

随着广告教育事业的发展,从事广告教育的专业人士开始自发组建各种民间的非营利性教育组织。美国的广告教育组织主要是在20世纪初由广告教育开展得比较早的纽约大学和密苏里大学发起和组织的。

(1) 全国广告教师协会

1915年,纽约大学的乔治·霍奇基斯(George B. Hotchkiss)在芝加哥发起和组织了全国广告教师协会(National Association of Terchers of Advertising,简称 NATA),并举行了由28位成员参加的 NATA 第一次代表大会(主席为沃尔特·斯科特,秘书长为乔治·霍奇基斯)。参会代表包括哈里·蒂珀(Harry Tipper,得克萨斯的广告经理和纽约大学的兼职教师)、沃尔特·斯科特、拉尔夫·斯塔尔(Ralph Starr)、约翰·鲍威尔[John B. Powell,"Alpha Delta Sigma"(简称 ADS)组织的创办人]、休·阿格纽(Hugh E. Agnew)等,他们都是当时著名的高校广告课程的主讲人。在第一次会议上,代表们主要讨论两个问题:一是广告课程的主要内容到底是什么;二是广告教学的学术管理标准是什么。此外,代表们还从心理学、商学(营销学)和新闻学的学科角度讨论了广告学的学科归属问题以及他们对课程设置的看法。

(2) 全国广告同盟会

1913年11月14日,约翰·鲍威尔和 H. J. 麦凯(H. J. MacKay)、雷克斯·马吉(Rex Magee)、盖伊·特雷尔(Guy Trail)等八位成员在密苏里大学创建了主要以广告领域的学生和从业者为成员的全国广告同盟会(Alpha Delta Sigma,简称 ADS),约翰·鲍威尔当选为第一任主席。虽然该会的成员大部分是学生,但不少教师和广告业界的人士也被邀请加入,如贝敦(Batten)、布鲁斯·巴顿(Bruce Barton)和当时美国广播公司(ABC)的副总裁唐·吉尔默(Don E. Gilmer)等。这个组织成立的宗旨有三个:第一,把广告领域的学生和从业者组织起来;第二,为这些人提供更多和更高规格的培训;第三,使用合法手段提高广告业及广告从业者的影响力和声望。1926年,ADS在密苏里大学召开了它的第一次全国代表大会,之后每年举行年会,一直到1932年的大萧条时期,由于经济问题,ADS不再举行全国性的年会,只是通过信件保持来往和交流。这样的情况一直持续到1938年。

(3) 全国广告女子同盟会

1920年2月9日,露丝·普拉瑟·米德耶特(Ruth Prather Midyette)、比阿特丽斯·瓦茨(Beatrice Watts)、埃拉·怀亚特(Ella Wyatt)、阿夫丽达·哈利根(Alfreda Halligan)、伊丽莎白·阿特贝里(Elizabeth Atteberry)等19位成员于密苏里大学创办了一个以女性成员为主的广告协会组织——Gamma Alpha Chi(简称GAC),露丝·普拉瑟·米德耶特成为第一任主席。此后,其他大学(如得克萨斯大学、华盛顿大学、伊利诺伊大学等)也纷纷建立了该协会的分会。

1926年,全美市场学和广告学教员协会成立,学者们开始联手对广告学展开更广泛、更系统的研究。

除了成立上述各类广告教育组织,美国广告业界还先后成立了许多广告行业自律组织,如1899年成立的ANA、1917年成立的4A和1938年成立的国际广告协会(International Advertising Association,简称IAA)等。这些协会和组织均从不同角度对广告理论与实践、广告公司的运作与自我服务等方面进行了深入的探讨与实践,使广告行业的自我管理成为广告产业运作中的重要组成部分。

(二)日本早期广告教育的兴起

日本具有现代意义的广告产业起步晚于西欧和美国,但它的广告教育几乎于19世纪下半叶与西欧及美国同时开始。

明治维新后,在外力的冲击下,日本的经济迅速发展,伴随着西方文化思想的传入,日本的《长崎航讯》《日本快邮》《日本商业广告新闻》《日本时报》《海外新闻》《横滨每日新闻》《每日新闻》《读卖新闻》《朝日新闻》《时事新闻》等近代报纸先后创刊发行,具有现代意义的报刊广告业在日本兴起。同时,日本的各种户外广告迅速普及,因广告业的繁荣而衍生的日本广告教育也在 19 世纪末初露端倪。需要指出的是,日本的广告教育从萌芽之时就与西方国家(特别是美国)有着非常深刻的历史渊源与密切联系。

从日本广告教育发展与演进的历史进程来看,可以以 1945 年作为分界线,分为前后两个时期:从 1868 年明治维新到 1945 年二战结束的这段时间是日本广告教育的前期;1945 年至今是日本广告教育的后期。

1. 1945 年之前的日本广告教育

(1) 日本广告教育的源起

日本的广告教育始于 19 世纪下半叶,日本被迫向西方开放和学习,其内在动因是日本近代广告产业的兴起,外推力则是西方广告的传入与对西方广告学术书籍的大量引进。

早在 1873 年,日本的《英国新闻大意》一书就曾对"广告"一词进行说明,并对刚在日本出现的广告代行社(广告代理公司)作了介绍。1880 年,日本第一家广告代理商空气堂租在东京开业。随后,弘报堂、三成社、正喜路社等广告代理公司纷纷创立。1883 年 10 月,日本著名学者福泽谕吉在发表于《时事新报》上的《写给商人的话》一文中提出了当时日本商业广告的作用和必要性,提出"广告犹如士兵的武器一样重要"的观点,并就广告媒体的利用与广告的制作方法等作了说明。同年,上野阳一开始用"品等法"(order of merit)对广告原稿进行统计性广告研究,这是日本早期关于广告的专论性文章和专门性研究[①]。

1895 年 10 月,日本株式会社博报堂创立[②]。1901 年 7 月,日本广

---

① [韩]刘鹏卢:《日本广告教育实况调查研究》,《广告学研究》(韩国广告学会主办)1992 年第 1 期,第 35 页。
② 日本株式会社博报堂(HAKUHODO)是日本排名第二的广告与传播集团,也是日本历史最久的广告公司。

告株式会社(日本著名的电通①广告公司的前身)成立。博报堂和日本广告株式会社等的相继出现,标志着日本近代广告业已步入快速发展的轨道。

广告业界的电通、博报堂、万年社等资深广告代理公司对广告的研究活动也很活跃,大力推进了广告研究和教育活动在学界的开展。20世纪二三十年代,随着日本广告产业的发展,日本学界开始大量引进、翻译和出版美国当时流行的各类广告论著。1917年,佐佐木十九在日本翻译并出版了沃尔特·斯科特1910年的著作《广告心理学》;同年,北泽新次郎在日本翻译、出版了美国的《广告论》(The Theory of Advertising)一书;1929年,美国达尼尔·斯塔齐(Daniel Starch)1923年著的《广告学原理》(Aevertising Principles)一书被译成日文在日本出版。20世纪20年代,广告杂志也开始在日本创刊:1925年,万年社的《广告年鉴》刊行;1930年,大仓高等商业学校(东京经济大学的前身)的广告研究会在日本创刊《广告研究》杂志;等等。

上述日本早期有关广告的报道与文章、各类外国广告论著的翻译出版与传播流行,以及各类广告杂志的相继面世等,对当时日本国民的现代广告意识与广告知识教育起到非常积极的催化作用,促使日本的一些大学开始关注并开设有关广告知识的各类讲座,促进了日本早期广告教育的兴起。例如,1914年,早稻田大学创立了日本最早的由学生组织的广告研究团体广告研究会;1921年,神户高等商业学校(神户大学的前身)开设了日本高校的第一个广告讲座;1922年,神户大学始创广告论

---

① 电通广告公司(Dentsu)的前身为日本广告和电报服务公司(JATS),主要提供新闻和广告代理服务。1936年,新闻业务从公司中被剔除。1955年,JATS正式改名为电通。1986年,电通成为首家进入中国大陆的外资广告公司。美国专业广告杂志《广告时代》(Advertising Age)发布的2000年世界广告公司排行榜上,日本电通以24.32亿美元的利润及165.07亿美元的营业额高居榜首。电通目前控制了日本30%的广告市场和40%—50%的电视广告市场,集团95%的收入都来自日本本土。

研讨会；1922年，明治大学也首次开设广告研究讲座①；等等。这标志着日本早期广告教育的正式启动。

(2) 日本早期广告教育的发展

日本的广告教育于20世纪30年代达到一个高潮，这与当时的世界经济危机及日本经济的"畸形繁荣"有关。在这一时期，日本学界开始关注并接受美国将广告作为营销手段的观点，相继出版了许多具有学术思想与研究内容的本土广告学论著。

在1929年大冢政晨于东京市光学堂出版的《贩卖增进广告政策》一书与1930年中川静撰写的《广告论》一书中，广告作为一种营销手段的观点被首次正式引进日本。1930年，内外通信社出版了《新闻广告四十年史》，这是日本学界首次对国家广告产业发展40年的一次历史总结；1931年，栗屋义纯撰写了《广告元论》；1934年，高田源清出版了主要介绍公共关系相关内容的《广告要论》，西方新兴的公共关系理论由此被正式引入日本；1935年，松宫三郎出版了《广告实务》；1936年，收录了众多国外广告法规的《广告法论》在日本出版；1936年，栗屋义纯出版了《广告要论》；1937年，市山盛雄出版了《新时代的广告文学》；1937年，佐佐木吉郎关于广告经济理论的专著《广告经济总论》在日本发行；等等。至此，日本广告公司之间盛行的关于广告原理，广告与经济、资本的关系等方面的广告讲座在日本的诸多大学里先后开设。

1929年，世界经济危机爆发后，日本迅速走上了军国主义道路，并在1937年7月发动全面侵华战争，1941年12月又发动太平洋战争，日本经济进入了所谓的"战时体制"，整个国家随之进入"战争随军宣传"体系。1940年，日本政府制定了《日本广告律令》，实行对广告的战时管制。1942年，日本政府又在国税中实施广告税。这一系列的战时措施

---

① 参见朱磊：《日本广告教育发展现状》，《现代广告》2005年第9期，第39—40页；[韩]刘鹏卢《日本广告教育实况调查研究》，《广告学研究》(韩国广告学会主办)1992年第1期，第35页。

使日本广告产业和广告教育事业遭到重创而急剧衰退。据统计,二战期间,日本关于广告理论与实践研究方面的书籍总共不超过 34 部(各为 17 部)①。日本的广告研究与广告教育进入了"严冬"。

(3) 日本早期广告教育的特点

从历史角度看,日本早期的广告教育有三个特点:第一,日本是亚洲地区近代报纸广告兴起最早、发展最快的国家之一,也是开展近代广告教育最早的国家之一;第二,日本的广告教育与其近代政治与经济的发展史一样,深受美国及西方国家的影响,具体表现为二战前大量引进和翻译美国广告方面的专著与论文;第三,二战之前,日本大学中设置广告学专业的院系几乎没有,即使在已开设广告课程的大学中,广告课程也没有成为当时相关专业的必修课,仅是广告讲座而已。

四、早期广告论著与广告刊物的涌现

19 世纪末 20 世纪初,在西方资本主义经济快速发展的刺激下,广告产业迅速向职业化、专业化、规范化发展。在广告传播媒介不断发展的同时,19 世纪以来专业广告公司的形成、普及与发展加速了广告研究的进程。

在广告学作为一门新兴学科尚处于初创阶段之时,西方诸多与广告关联度密切且已较为成熟的心理学、新闻学、商学、社会学等学科的学者(包括一些广告业内人士),开始关注和思考以往广告实践中的经验、问题、教训和规律,并从不同的专业角度对广告的本质与学理进行了梳理、分析、归纳和总结。于是,大量有关广告的学术著作在 19 世纪末 20 世纪初纷纷面世。

(一) 1940 年前美国出版的广告学著作

广告产业最为发达的美国自然是这一时期出版广告学术著作最多

---

① [韩]刘鹏卢:《日本广告教育实况调查研究》,《广告学研究》(韩国广告学会主办)1992 年第 1 期,第 35 页。

的国家。

19 世纪末至 20 世纪初,美国的一些学者和业内人士开始对广告理论与广告实务进行多向探究,并相继出版了一大批从不同学科的角度研究广告的学术专著。关于美国早期广告学术著作的具体出版情况见表 1-4。

表 1-4 1940 年前美国出版的部分广告学著作[①]

书名	作者	出版社	出版时间
《广告心理学》	哈洛·盖尔	明尼阿波利斯的出版商	1900 年
《广告理论与实践》	瓦根塞	不详	1902 年
《广告学原理》	沃尔特·斯科特	小·梅纳德公司	1903 年
《广告心理学》	沃尔特·斯科特	小·梅纳德公司	1910 年
《广告心理学的理论和实务》	沃尔特·斯科特	小·梅纳德公司	1913 年
《广告:一个社会与经济问题》(Advertising: A Social and Economic Problem)	乔治·弗伦奇(George French)	不详	1915 年
《关于 776 个广告客户和代理商事实和意见的研究》	沃尔特·斯科特	不详	1916 年
《户外广告》(Outdoor Advertising)	威尔莫特·利平科特(Wilmot Lippincott)	麦格劳·希尔图书公司	1923 年
《科学的广告》(Scientific Advertising)	克劳德·霍普金斯	不详	1925 年
《销售与广告的心理学》(The Psychology of Selling and Advertising)	爱德华·斯特朗(Edward K. Strong)	麦格劳·希尔图书公司	1925 年

---

① 参见美国得克萨斯大学奥斯汀分校广告学专业的研究图书书目。

(续表)

书名	作者	出版社	出版时间
《20世纪广告学》(20th Century Advertising)	乔治·弗伦奇	D.范·诺斯特兰出版公司（D. Van Nostrand Company, Inc.）	1926年
《一个广告经理人的40年》(40 Years An Advertising Agent)	乔治·罗威尔	富兰克林出版社(Franklin Library)	1926年
《广告研究》(Advertising Research)	珀西瓦尔·怀特(Percival White)	阿普尔顿公司(Appleton)	1927年
《怎样做广告?》(What about Advertising?)	肯尼思·古德(Kenneth M. Goode)、小哈福德·鲍威尔(Harford Powel Jr.)	哈珀兄弟出版社(Harper & Brothers Publishers)	1928年
《心灵的广告》(Psyching the Ads)	卡罗尔·莱茵斯特姆(Carroll Rheinstrom)	吉特-弗里德(Covici-Friede)	1929年
《广告的历史与发展》(The History and Development of Advertising)	弗兰克·普雷斯布雷(Frank Presbrey)	格林伍德出版社(Greenwood Press)	1929年
《广告评估法》(Tested Advertising Methods)	约翰·卡普尔斯(John Caples)	哈珀兄弟出版社	1933年
《追求广告真实》(The Fight for Truth in Advertising)	肯纳(H. J. Kenner)	美国广告联盟(Advertising Federation of America)	1936年
《广告中的问题》(Problems in Advertising)	尼尔·博登(Neil H. Borden)	麦格劳·希尔图书公司	1937年
《广告心理学》(Psychology of Advertising)	哈罗德·欧内斯特·伯特(Harold Ernest Burtt)	霍顿·米夫林公司(Houghton Mifflin Company)	1938年
《艾尔文学广告公司史》(The History of An Advertising Agency: N. W. Ayer & Son at Work, 1869-1939)	拉尔夫·乎沃(Ralph M. Hower)	哈佛大学出版社(Harvard University Press)	1939年

(二) 20世纪二三十年代日本学界翻译和出版的各类广告论著

20世纪初,日本的长崎、大阪、东京等商业或政治中心的广告产业空前繁荣。在此背景下,日本学界人士于20世纪二三十年代大量引进、翻译相关西方著作,或自己撰写,出版了许多广告论著(表1-5)。

表1-5 20世纪二三十年代日本出版的部分广告论著和译著一览表[①]

书名	作者	出版社	出版时间
广告与广告语	清水正巳	东京:白羊社	1922年
贩卖增进广告商略	大冢政晨	东京:大阪屋号	1922年
广告法规类纂	奥户善之助	大阪:大阪广告协会	1922年
广告心理学	井关十二郎	东京:文雅堂	1923年
广告学概论	松宫三郎	东京:岩松堂	1924年
广告与宣传	中川静	东京:宝文馆	1924年
广告年鉴	不详	大阪:万年社	1924年
新闻与广告	岛田升平	大阪:大阪每日新闻社	1925年
零售店广告法	清水正巳	东京:商店丛书刊行会	1925年
文明开化·广告篇	外骨	东京:半狂堂	1925年
广告文化	正路喜社	东京:正路喜社	1925年
银行广告法	小西次郎	东京:文雅堂	1926年
现代广告字体选集	本松吴浪	东京:诚进堂	1926年
广告巡礼:现代新闻、广告界的里程碑	饭守勘一	大阪:日本广告学会	1927年
广告学概论	松宫三郎	东京:岩松堂	1927年
广告理论与实际	[美]斯科特著,佐佐木十九译	东京:商店界社	1927年
本朝商业广告史	水田健之辅	东京:岩松堂	1928年

---

① 本表信息为作者根据台湾各大学的图书馆馆藏日本图书整理。

(续表)

书名	作者	出版社	出版时间
新闻广告研究	新田宇一郎	东京:六合馆	1928年
电气应用广告集	北原义雄	东京:アルス	1928年
现代商业美术全集	北原义雄等	东京:アルス	1929年
贩卖增进广告政策	大冢政晨	东京:光学堂	1929年
广告:窗饰的新倾向	下泽瑞世	东京:博文馆	1929年
新闻杂志广告作品集	北原义雄	东京:アルス	1929年
广告印刷物知识	郡山幸男	东京:诚文堂	1930年
铁道广告知识	小沼升、福田千造	东京:交通时论社	1930年
广告界的今昔	高木贞卫	大阪:万年社	1930年
广告年鉴	出口郁郎	大阪:万年社	1930年
广告论:广告战的理论及其适用性	中川静	东京:千仓书房	1930年
最新倾向广告集	北原义雄	东京:アルス	1930年
日本趣味广告物集	北原义雄	东京:アルス	1930年
广告传单与商业广告	清水正己	东京:三省堂	1930年
广告战略(上、下卷)	东亚广告协会	神户:山敷神港堂	1931年
广告年鉴:昭和7、8年	万年社	大阪:万年社	1932年 1933年
广告辞典	室田库造	东京:诚文堂	1933年
广告图案选集	广告图案研究会	东京:广告图案研究会	1933年
广告一夕话	平井圭三郎	东京:日本电报通信社	1933年
广告写真展作品集	室田库造	东京:诚文堂	1933年
广告漫画集	室田库造	东京:诚文堂	1934年
广告要论	粟屋义纯	东京:同文馆	1934年
新闻广告四十年史:博报堂四十年记念	内外通信社	东京:内外通信社	1935年
广告实务	松宫三郎	东京:东洋	1935年

(续表)

书名	作者	出版社	出版时间
广告生活二十年	松宫三郎	东京:诚文堂新光社	1935年
广告与宣传:最新商业技巧	谷孙六、水田利夫	东京:文录社	1936年
广告法论	高田源清	京都:立命馆出版部	1936年
广告咨询	野元伊太郎	东京:雄风馆书房	1937年
广告经济总论	佐佐木吉郎	东京:中央书房	1937年
新时代的广告文学	市山盛雄	东京:大日本出版社峯文庄	1937年
广告宣传方法	长冈逸郎	东京:森山书店	1937年
新看版图案工作集	广告界编辑部	东京:诚文堂新光社	1938年
广告心理学	松宫三郎	东京:千仓书房	1939年
广告年鉴:昭和15年	万年社	大阪:万年社	1939年

表1-5所列的20世纪二三十年代日本学界翻译和撰写的各类广告论著虽然并不详尽,但这些早期广告译著和论著展示并反映出当时日本的广告理论研究已经达到相当高的水平。

(三) 1940年前英国出版的广告学著作

19世纪下半叶,英国作为商品经济最发达的老牌资本主义国家,广告产业在欧洲首屈一指,广告专著的出版也处于世界领先位置,1940年以前出版的主要广告学著作见表1-6。

表1-6 1940年前英国出版的部分广告学著作

书名	作者	出版社	出版时间
《路牌广告史:从早期到现在》(The History of Signboards, from the Earliest Times to the Present Day)	J.莱坞德(Jacob Larwood)、约翰·哈顿(John Camden Hotten)	查托和温都斯书局(Chatto and Windus)	1866年

(续表)

书名	作者	出版社	出版时间
《早期广告史：奇闻逸事与传记资料》(A History of Advertising from the Earliest Times: Illustrated by Anecdotes, Curious Specimens and Biographical Notes)	亨利·萨博逊	查托和温都斯书局	1875年
《广告原则》(Advertising Principles)	丹尼尔·斯塔齐	慕义肖氏公司（A. W. Shaw & Co.）	1923年
《广告中的艺术》(Art in advertising)	布拉德肖(Bradshaw)、佩尔西梅·文尼(Percy Venner)	伦敦艺术学校（Press Art School）	1925年
《大英帝国的一批样品和广告事件》(Shipment of Samples and Advertising Matter to the British Empire)	R. P. 韦克菲尔德（R. P. Wakefield）、亨利·查尔姆（Henry Chalmer）	不详	1928年
《现代广告的完全课程》(Complete Course in Modern Advertising)	英国广告学院(British College of Advertising)	不详	1933年
《英国海报广告》(British Poster Advertising)	英国海报广告协会（British Poster Advertising Association）	不详	1937年
《英国维多利亚时代的广告：1837—1901》(Advertising in Victorian England: 1837-1901)	黛安娜·辛德雷(Diana Hindley)	韦兰德出版社	1937年

（四）19世纪末至20世纪上半叶大量广告学著作出现的原因

上述各表关于美、日、英等国于19世纪末至20世纪中期出版的广告学著作和广告学译著虽并不详尽，但基本上涵盖1940年前世界广告学研究的主要学术成果，包括早期大多数最知名的广告学专著。从一般性质上说，这些广告学专著基本上代表了当时广告学界和业界在理论上对广告实践进行的思考与总结的总体学术水平。同时，这些广告学专著也标志着广告作为一门完整的科学学科正逐渐走向成熟，在它发展与完善的过程中，广告学学科体系的理论框架也较清晰地呈现出基本轮廓。

总结而言，1940年前大量广告学著作涌现的原因，主要有三个方面。

一是广告业界的从业者开始关注对以往广告实践的经验总结与广告运作规律的探究。理论是关于客观事物本质及其规律性的相对正确的认识，是经过逻辑论证和实践检验并由一系列概念、判断和推理表达出来的知识体系，广告理论来自广告实践。

二是高校的学者开始从教学研究的视角对广告理论与广告实践展开专题研究，广告作为一门正式课程先后进入了诸多大学的课堂。

三是许多与广告有关的其他学科的专业学者也从不同角度对广告进行研究，如心理学家主要从消费心理的角度对广告传播展开深入研究。

综上，美、日、英三国诸多广告理论学术专著的出版为现代广告学作为一门独立的新兴学科奠定了基础与地位；心理学、营销学、经济学、管理学及随后发展起来的传播学、新闻学、公共关系学、社会学等与现代广告学的联系日趋紧密；广告协会和广告行业组织等的蓬勃发展也使广告学的学科体系日渐丰富，并最终发展为一门具有真正学理意义的新型应用学科。

第二节　广告教育的现状与地位

广告学作为大学中一门完整、独立的专业，最早出现在20世纪初广告产业最发达的美国等西方国家。随后，经过近一个世纪的持续发展，尤其是在第二次世界大战后的半个多世纪里，相对和平的国际政治环境、高速增长的全球经济、一体化进程的世界市场等有利条件造就了世界广告业的空前发达,进而大大推动了世界发达国家广告教育的飞越式发展。

纵观今天世界范围内的广告教育,广告学已成为世界工业化国家和许多发展中国家高等教育中的一个成熟学科和重要专业,成为诸多跨国广告公司人才资源的摇篮,成为现代广告理论知识的孵化库,更成为当今世界广告产业发展的首要支撑力,而美国无疑是广告教育的示范者和引领者。

一、广告学专业已成为当代美国高校的主流专业

广告产业的发展促使广告学教育成为一项专门教授和传播广告理论与实践知识、培养专业广告人才的社会活动。

正规的高校广告教育最早出现于经济发达的美国。同时,美国也是一个世纪以来广告教育最为发达的国家。截至 2017 年,在美国现有的 3 000 多所大学里,设有广告学专业的大学有 170 所,具有广告学(或广告方向)硕士学位授予权的大学有 59 所,具有新闻/传播学广告方向博士学位授予权的大学有 24 所,其中包括具有广告学博士学位授予权的大学有 1 所[①]。

虽然美国设置广告学专业的大学数量相较于它的大学总数而言所占比例并不高,但这些设有广告学专业的大学在美国高等教育体系中所占的地位相当重要。

(一) 美国几乎所有州的主要大学都设有广告学专业

根据对美国 2017 年版《我该去哪里学广告和公关?》(*Where Shall I Go to Study Advertising and Public Relations?*)一书所列设有广告学专

---

① 根据 Billy I. Ross, Jef I. Richards, *Where Shall I Go to Study Advertising and Public Relations?* (Advertising Education Publications, 2011 - 2017)的资料与数据整理而成。

业的170所大学所在区域的统计①,这些大学几乎均匀地分布于美国各州(表1-7)。

表1-7 美国设有广告学专业的大学的地理分布

地 区	2017年设有广告学专业的大学数量(所)
东部(包括东北部)的10个州和1个特区	40
南部(包括东南部)的9个州	42
中部(包括中东部)的12个州	56
西部(包括西南部和西北部)的7个州	15
北部的4个州	16
夏威夷州	1
共计	170

美国设有广告学专业的大学的地理分布情况具体如下。

美国东部(包括东北部)的10个州和1个特区共有40所。其中,北卡罗来纳州有4所,弗吉尼亚州有3所,西弗吉尼亚州有3所,哥伦比亚特区有1所,马里兰州有4所,康涅狄格州有3所,马萨诸塞州有3所,宾夕法尼亚州有7所,新泽西州有1所,纽约州有10所,罗得岛州有1所。

美国南部(包括东南部)的9个州共有42所。其中,得克萨斯州有14所,路易斯安那州有3所,密西西比州有1所,新墨西哥州有2所,阿肯色州有3所,佛罗里达州有10所,亚拉巴马州有4所,佐治亚州有3所,南卡罗来纳州有2所。

美国中部(包括中东部)的12个州共有56所。其中,内布拉斯加州有5所,科罗拉多州有3所,伊利诺伊州有9所,艾奥瓦州有2所,堪萨斯州有5所,密苏里州有5所,俄克拉何马州有4所,田纳西州有5所,

---

① 根据 Billy I. Ross, Jef I. Richards, *Where Shall I Go to Study Advertising and Public Relations?* (Advertising Education Publications, 2017)的资料与数据整理。

肯塔基州有3所,俄亥俄州有6所,印第安纳州有5所,北达科他州有4所。

美国西部(包括西南部和西北部)的7个州共有15所。其中,加利福尼亚州有6所,俄勒冈州有3所,犹他州有1所,亚利桑那州有1所,爱达荷州有1所,华盛顿州有1所,内华达州有2所。

美国北部的4个州共有16所。其中,密歇根州有4所,明尼苏达州有5所,南达科他州有2所,威斯康星州有5所。

美国太平洋上的夏威夷州有1所。

相对而言,美国的中部地区一直是广告学专业较为发达的地区。美国最早开设广告学课程和最早设置广告学专业的西北大学、密苏里大学等均地处中部地区,而西部设置广告学专业的大学数量相较其他地区略少,但这并不影响此类大学总体分布的均衡性。

(二) 美国高校中开设广告学专业的名校较多

根据美国权威杂志《美国新闻与世界报道》(U. S. News & World Report)对美国各大学广告学专业教育的排名,位列前十的学校依次为伊利诺伊大学、佛罗里达大学、西北大学、得克萨斯大学奥斯汀分校、佐治亚大学、密歇根州立大学、北卡罗来纳大学教堂山分校、田纳西大学、密苏里大学、雪城大学①。

虽然上述10所大学中没有诸如哈佛大学、普林斯顿大学、麻省理工学院等享誉世界的一流名校,但它们在美国基本上都是颇具知名度的优秀大学,即使不在这10所大学之列的其他100多所设有广告学专业的大学,其中的大部分(如下述的24所拥有广告方向博士授予权的大学)也是在世界上知名度与美誉度都相当高的优秀大学。

---

① 参见杨倩:《美国大学广告教育现状综述》,《东南大学学报》(哲学社会科学版)2005年第S1期。目前,美国人对《美国新闻与世界报道》公布的高校排名问题尚有争议,此处仅稍作介绍。

(三) 美国高校中广告学专业硕士、博士学位点的数量较多且比例合理

美国大学的本科教育是高等教育的基础,研究生教育则是美国大学教育的核心部分,具有很强的专业性,美国的本科生与研究生的数量比例呈现为较合理的正金字塔型。以广告学专业为例,根据资料统计,2017 年,在美国设有广告学专业的 170 所大学中,设有广告方向硕士学位的大学有 59 所,占设有广告学专业的大学总数的 34.7%;具有广告学或新闻/大众传播学广告方向博士学位的大学有 24 所,占设有广告学专业的大学总数的 14.1%。这 24 所设有广告方向博士学位的大学分别为阿拉巴马大学、中佛罗里达大学、佛罗里达大学、南佛罗里达大学、佐治亚大学、南伊利诺伊大学、伊利诺伊大学、路易斯安那州立大学、密歇根州立大学、明尼苏达大学、南密西西比大学、密苏里大学、纽约市立大学、雪城大学、北卡罗来纳大学、北达科他大学、俄亥俄大学、俄克拉何马大学、俄勒冈大学、南卡罗来纳大学、田纳西大学、得克萨斯理工大学、得克萨斯大学、威斯康星大学[①]。

需要指出的是,到目前为止,美国只有得克萨斯大学奥斯汀分校授予的是广告学博士学位[②],其他各大学培养的是新闻/大众传播学(广告方向)的博士生,授予新闻/大众传播学博士学位。美国这 24 所大学每年可以培养出近百名广告学方向的博士研究生,这也从一个侧面证明了广告学在美国大学培养中占有较重要的地位。

二、广告学专业在当代英国高等教育中颇具特点

英国的高等教育在世界上享有历史悠久、传统深厚、门类齐全、结构完备、科研水平先进、教育质量一流的盛誉。19 世纪末 20 世纪初,当各

---

① 参见 Billy I. Ross, Jef I. Richards: *Where Shall I Go to Study Advertising and Public Relations?*, Advertising Education Publications, 2017.
② 鲍守成:《美国大学传媒专业研究生学位设置》,2022 年 2 月 19 日,金吉列留学网,https://www.jjb.cn/article/1009008.html,最后浏览日期:2023 年 10 月 8 日。

类新兴学科在美、欧、日等国不断出现和普及之时,包括广告学在内的许多应用性学科也先后作为一门大学的正式课程或一个完整独立的专业出现在英国的许多大学里。今天,广告学专业在英国发展较快,并在全英高等教育中受到一定的重视。不过,当代英国的广告教育与美、日等国相比有许多不同的特点,这与当前英国的高等教育类型及高等教育体系有密切关联。

(一) 英国大学的类型与规模

英国高等教育的类型、规模和体制等具有自己的传统和特点。根据英国驻华大使馆文化教育处编的《英国留学指南·2007》和当前的英国教育网上有关数据的统计,英国高等教育的大学有112所,另有54所学院,以及数百所延续教育学院①,这些大学和学院在英国四大地区的分布情况见表1-8。

表1-8 英国四大地区的大学与学院的分布数

	大学(所)	学院(所)
英格兰	88	42
北爱尔兰	2	2
苏格兰	13	6
威尔士	9	4
总计	112	54

当然,与美国的3 000多所大学相比,英国大学的绝对数量并不多,但英国大学与学院在校学生的绝对数量并不比美国的少,这一情况与英国大学的类型和规模有关。

1. 英国的大学大致可分为"校园式""无校园式""学院式"三种类型

英国的"校园式"大学一般来说指建校时间不长的大学,这种大学能

---

① 参见英国驻华大使馆文化教育处:《英国留学指南·2007》,中国大百科全书出版社2007年版,第20—21页,以及英国教育官方网站上的有关数据。

够按规划集中在一个地点建造一所大学所需的所有硬件设施(包括教学大楼)及各种配套服务设施,因而有了属于学校自己的统一集中的校区。

英国的"无校园式"大学通常指一些历史悠久的大学,其下属的许多院系往往分布在某个城市的不同地方,甚至是在不同的城市。

英国的"学院式"大学则指由一系列联系在一起的学院组成的大学,特别是诸如剑桥大学、杜伦大学和牛津大学等这样的老牌大学。英国一些著名大学的下属学院实际上相当于一个独立的小型大学[①]。

2. 英国的大学一般规模都较大

英国大学的绝对数量虽然不多,但其规模一般都较大。截至2021年10月,曼彻斯特城市大学有38 000多名学生;伦敦城市大学的在校生达35 000多人;德比大学的在校生有25 000多人;成立于1968年的爱丁堡特尔福特学院有26 000名学生[②];等等。

由一系列学院组成的"学院式"大学,其在校学生的总规模更大。例如,世界著名的伦敦艺术大学就是由具有百年历史的坎伯威尔艺术学院、中央圣马丁艺术与设计学院、切尔西艺术与设计学院、伦敦传媒学院、伦敦时装学院和温布尔登艺术学院这6个世界顶级水平的大学院组成的,学生规模超过数万人。

创建于1583年的爱丁堡大学是由世界一流水平的3个学院组成;成立于1881年的邓迪大学由7个学院组成;阿伯泰邓迪大学则由计算机与创新技术学院、邓迪商学院、当代科学学院、社会与卫生科学学院4个学院组成;诺丁汉大学更是由多达31个学院所组成;等等[③]。这些大学中的各个学院都具有其独特的学术实力和教育风格,同时,这些学院的招生规模同样都非常之大,如爱丁堡龙比亚大学就拥有来自100多个

---

① 参见英驻华大使馆文化教育处:《英国留学指南·2007》,中国大百科全书出版社2007年版,第43页,以及英国教育官方网站上的信息。
② 参见各学校的百度百科词条信息。
③ 参见英驻华大使馆文化教育处:《英国留学指南·2007》,中国大百科全书出版社2007年版,第18—50页,以及英国教育官方网站上的信息。

国家和地区的共 13 000 余名在校生。

(二) 当代英国高校的广告教育现状

由于英国大学的绝对数量小,所以英国设置广告学专业的大学的绝对数量也就不多,据当前英国高校联合服务中心(UCAS)网站和英国教育官方网站的有关资料,英国总共 166 所高校(其中大学 112 所、学院 54 所)中有 80 多所高校设置了广告学专业,英国开设广告学专业的大学和学院所占英国大学和学院总数的比例接近 50%。

根据对这 80 多所大学和学院的广告学专业进行的考察,英国的广告教育具有两个明显特点:一是英国高校中专门设置"纯"广告学专业的院系并不多,而设置泛广告类专业(非纯粹的广告学专业)的院系较多;二是英国高校中开设"纯"广告课程的大学与学院不多,而开设泛广告类(与广告学有关或与广告学交叉)课程的大学和学院较多。这两个特点是我们了解英国广告学专业个性特征的主线条。

1. 英国高校广告学专业的跨学科性

与美国的广告学专业主要设置在新闻/传播学院不同,英国的广告学专业主要设置在各高校的商学院、传媒学院或艺术类学院里,且学科的跨度较大。不过,学科之间的内在联系较为密切,加之英国的广告教育较注重交叉学科的人才培养,强调多种学科理论的互动和人文修养水平的提高。因此,英国高校中单独设立广告学系或设置纯广告学专业的大学或学院不多,但在同一所大学中往往会有几个学院同时设有各自不同学科方向的广告学专业。据英国高校联合服务中心(UCAS)网站和英国教育官方网站的统计,约有 80 多所大学或学院已根据各自的专业特长或为加强各学科之间的联系而设置了与广告学关联密切的泛广告类专业。在专业的具体名称中,"广告"通常与其他学科合二为一,如"广告与营销管理""商业与广告管理""广告与设计""广告与公共关系""广告与营销传播""广告与媒体""广告与创意经济""管理与广告""广告与新闻""媒介、文化、传播与广告""广告与商业电影""互动广告""广告与语言学"等(表1-9)。

表1-9 英国部分设置广告学专业的大学名称、所在院系及相关泛专业名称

大学	广告学专业所在学院	广告学专业名称
白金汉大学	商学院	营销与媒体传播(本科,BA)
贝德福德大学	媒体艺术设计学院	广告与营销传播(本科,BA)
新白金汉大学	商业管理学院	商业与广告管理(本科,BA)
坎特伯雷基督教会大学学院	艺术与人类学院	媒体与文化研究(本科,BA)
	商业与科学学院	商业研究与广告管理(本科,BSc)
卡迪夫大学	英语传播与哲学学院	传播学(本科,BA)
哈德斯菲尔德大学	商学院	广告与营销传播(本科荣誉,BA Hons)
	艺术、设计与建筑学院	① 广告与媒体关系(本科荣誉,BA Hons) ② 广告创意(本科荣誉,BA Hons)
中央兰开夏大学	商学院	广告与营销传播(本科荣誉,BA Hons)
	设计学院	广告(本科荣誉,BA Hons)
格林威治大学	商学院	广告与营销传播(本科荣誉,BA Hons)
	坎特伯雷学院	① 图形设计与广告(HND) ② 视觉艺术与传播(本科荣誉,BA Hons)
赫特福德大学	商学院	营销与广告(本科荣誉,BA Hons)
赫尔大学	商学院	广告与营销(硕士,MSc)
金斯顿大学	艺术与社会科学学院	广告与创意经济(硕士,MA)
	商业与法律学院	广告与创意经济(硕士,MA)
兰卡斯特大学	营销学系	广告与营销(本科荣誉,BA Hons)
利兹大学	商学院	广告与营销(硕士,MA)

(续表)

大学	广告学专业所在学院	广告学专业名称
林克斯汉博大学	商学院(商学与法律)	① 会记与广告(本科荣誉,BA Hons) ② 广告与新闻(本科荣誉,BA Hons)
	新闻学院	① 广告与营销(本科荣誉,BA Hons) ② 广告与公共关系(本科荣誉,BA Hons) ③ 商业与广告(本科荣誉,BA Hons)
	艺术与设计学院	① 创意广告(本科荣誉,BA Hons) ② 管理与广告(本科荣誉,BA Hons)
	人类与行为艺术学院	媒体、文化、传播与广告(本科荣誉,BA Hons)
伦敦艺术大学	媒体学院	互动媒体广告设计
卢顿大学	艺术、技术和科学创意学院	广告设计(本科荣誉,BA Hons)
	商学院	① 广告与营销传播(本科荣誉,BA Hons) ② 营销与媒体实践(本科荣誉,BA Hons)
伦敦吉尔德霍尔大学	—	① 广告与营销传播(本科,BA Hons-Single, Joint) ② 广告、营销传播与公共关系(本科荣誉,BA Hons-two joint subjects) ③ 广告设计(本科荣誉,BA Hons) ④ 广告与公共关系(本科荣誉,BA Hons)

（续表）

大学	广告学专业所在学院	广告学专业名称
曼彻斯特城市大学	商学院	① 广告管理与商标管理（本科荣誉，BA Hons） ② 国际创新广告（硕士，PgCert/PgDip/MSc）
密德萨斯大学	艺术与教育学院	广告、公共关系与媒体（本科荣誉，BA Hons）
爱丁堡龙比亚大学	创意工业学院	① 传播、广告与公共关系（本科荣誉，BA Hons） ② 创意广告（硕士，MSc Full-time）
威尔士新港学院	艺术、媒体与设计学院	① 广告设计（本科荣誉，BA Hons） ② 图片与广告（本科荣誉，BA Hons）
诺森比亚大学	艺术与社会科学学院	广告与媒介（本科荣誉，BA Hons）
	纽卡斯特商学院	广告与管理（本科荣誉，BA Hons）
北安普顿大学	商学院	① 广告（本科荣誉，BA/BSc Hons） ② 广告与设计 ③ 广告与公共关系（本科荣誉，BA Hons）
索尔福德大学	艺术与设计学院	广告设计（本科荣誉，BA Hons）
斯塔福德郡大学	艺术、媒体与设计学院	① 互动广告（本科荣誉，BA Hons） ② 广告与商标管理（本科荣誉，BA Hons） ③ 广告与商业电影（本科荣誉，BA Hons）
桑德兰大学	艺术、设计与媒体学院	广告设计（本科荣誉，BA Hons）
提赛德大学	艺术与媒体学院	广告图形设计（本科荣誉，BA Hons）
泰晤士河谷大学（西伦敦大学）	媒体学院	① 广告（本科荣誉，BA Hons） ② 媒体研究与广告、图形、公共关系、广播（本科荣誉，BA Hons） ③ 营销与广告（本科荣誉，BA Hons） ④ 媒体研究（本科荣誉，BA Hons）

(续表)

大学	广告学专业所在学院	广告学专业名称
卡玛森圣三一学院	创意艺术与人文学院	① 广告与电影（本科荣誉，BA Hons） ② 广告与媒体（本科荣誉，BA Hons）
阿尔斯特大学	商学院	① 传播、广告与营销（本科荣誉，BSc Hons） ② 广告与语言学（本科荣誉，BSc Hons） ③ 广告语言（本科荣誉，BSc Hons）

2. 广告类课程在英国高校受到重视

英国虽然设置广告学专业的大学或学院的绝对数量不多，但开设泛广告课程的大学或学院不少。根据英国教育官方网站的有关资料统计，在 21 世纪的第一个十年，英国约有 83 所高等院校或研究所总共开设了 558 门各类与广告学有关的全日制课程①。其中，英格兰是英国四大区（英格兰、威尔士、苏格兰、北爱尔兰）中开设广告学专业课程最多且广告课程门类最为齐全的地区，该地区全日制阶段设置广告课程的高等院校达 73 所(开设研究生广告课程的院校有 22 所)，计有 475 门本科课程和 81 门研究生课程（表 1-10）。

表 1-10　英国英格兰地区全日制本/硕阶段开设广告课程的大学及其课程数量

大学名称	本科阶段广告课程数（门）	硕士阶段广告课程数（门）
肯特大学	2	—
伦敦城市大学	2	1

---

① 资料来源于英国教育官方网站。此处引用的数字与高运锋博士在其《英国大学广告教育模式》(《现代广告》2005 年第 9 期，第 36—37 页)中所述的"英国 47 所高校提供多达 233 种广告类的全日制课程"的数字有较大出入。

(续表)

大学名称	本科阶段广告课程数（门）	硕士阶段广告课程数（门）
索尔福德大学	2	—
利物浦大学	1	—
新白金汉大学	4	1
金斯顿大学	8	17
格里姆斯比学院	3	—
伦敦艺术大学	8	—
利兹大学	21	1
赫特福德大学	3	—
格鲁斯特大学	7	9
伦敦城市大学	20	4
德比大学	6	
谢菲尔德哈勒姆大学	4	3
林肯大学	18	—
兰卡斯特大学	1	2
创意艺术大学	2	1
诺丁汉特伦特大学	1	—
考文垂大学	3	2
伯恩茅斯艺术学院	2	—
伯恩茅斯大学	4	1
格林威治大学	17	1
格林威治管理学院	1	4
泰晤士河谷大学	4	—
伦敦大学金史密斯学院	1	
密德萨斯大学	1	
切斯特大学	40	

(续表)

大学名称	本科阶段广告课程数（门）	硕士阶段广告课程数（门）
斯泰福厦大学	27	—
桑德兰大学	2	—
利兹都市大学	21	—
贝德福特大学	4	7
迪塞德大学	11	—
哈德斯菲尔德大学	30	—
曼彻斯特城市大学	3	2
德蒙福特大学	27	—
布莱顿大学	5	2
东伦敦大学	3	—
朴次茅斯海伯里学院	2	—
伦敦大学	1	—
斯托克波特继续教育与高等教育学院	2	—
沃尔夫汉普顿大学	19	2
伯明翰中英格兰大学	26	—
知山大学	4	—
伦敦南岸大学	3	1
索伦特大学	3	—
伯恩茅斯普尔学院	1	—
克利夫兰德艺术与设计学院	4	—
索尔兹伯里学院	1	—
利兹艺术设计学院	1	—
范堡罗科技学院	4	—
伍斯特大学	9	—
丹斯泰堡学院	3	—

(续表)

大学名称	本科阶段广告课程数（门）	硕士阶段广告课程数（门）
诺斯布鲁克学院	1	—
普利茅斯大学	2	—
史丹福学院	1	—
中央兰开夏大学	26	4
南埃塞克斯学院	2	—
特鲁罗学院	1	—
斯温顿学院	2	—
北安普顿大学	2	—
坎伯里亚艺术学院	4	—
坎特伯雷基督教会大学	3	8
圣海伦斯学院	2	—
麦耶斯夫学院	6	—
巴恩斯利学院	2	—
诺森比亚大学	2	4
北林赛学院	4	—
波尔顿大学	5	—
约维尔学院	2	—
纽卡斯尔学院	1	4
大雅茅斯学院	1	—
南肯特学院	3	—
亨廷顿郡地区学院	1	—

综上，切斯特大学开设的本科广告课程最多（40门），金斯顿大学开设的研究生广告课程最多（17门）；英国开设研究生广告课程的大学和学院有22所，仅为英格兰地区全日制阶段设置广告课程的73所高等院校的30%（有关英国其他三个地区的大学具体开设各类广告课程的详

情,以及关于上述英格兰地区开设各类广告课程的具体细节与评论等,见本书的第二章第二节)。

3. 英国设有广告学专业的大学分布不均

英国在行政区划上有四个地区,即英格兰、苏格兰、威尔士和北爱尔兰。这四个地区有两种不同的教育体制:一种是英格兰、威尔士和北爱尔兰的教育体制,大学本科的学制为三年;另一种是苏格兰的教育体制,大学本科的学制为四年[①]。两者虽有所不同,却又互相兼容[②]。也许是地缘经济和广告产业发展水平差异的原因,英国设有广告学专业大学的区域分布很不均匀(与美国截然不同),主要集中在经济较为发达的英格兰地区。因此,在英格兰地区开设广告课程的高校比其他三个地区的高校多得多,表1-10计有73所设有广告学专业的大学和学院集中在英格兰地区,包括英国广告学专业比较著名的大学,如新白金汉大学、北安普顿大学、贝德福特大学、切斯特大学、中央兰开夏大学、伦敦艺术大学等都地处英格兰地区;在苏格兰和北爱尔兰地区开设广告学专业的大学则相对较少,仅有爱丁堡的龙比亚大学和北爱尔兰的阿尔斯特大学等少数大学设有广告学专业;相对而言,威尔士地区开设广告学专业的大学要比苏格兰和北爱尔兰地区略多些,卡玛森圣三一学院、斯旺西大学和纽波特大学等都是威尔士地区广告学专业比较著名的大学。

4. 英国设置广告学专业大学的排名一般不太靠前

依据上述英国教育官方网站的资料,英国设置广告学专业的大学或学院在英国大学中的排名一般不太靠前。由于英国的大学排行榜没有专设广告学专业的排名,所以下面以来自英国教育官方网站的与广告学

---

① 关于苏格兰的教育体制,详见英国驻华大使馆文化教育处:《英国留学指南·2007》,中国大百科全书出版社2007版,第26—27页,以及英国教育官方网站上的信息。
② 英国驻华大使馆文化教育处:《英国留学指南·2007》,中国大百科全书出版社2007年版,第14页。

科近缘性很强的传播学专业排名前20的大学(包括学院)作比较分析(表1-11)。

表1-11 21世纪初期英国教育官方网站上关于英国传播学专业排名前20的大学及所属地区

排名序号	大学名称	所属地区与建校时间
1	东英吉利大学	英格兰(1961年)
2	拉夫堡大学	英格兰(1909年)
3	伦敦大学皇家霍洛威学院	英格兰(1900年)
4	华威大学	英格兰(1965年)
5	金史密斯学院	英格兰(1904年)
6	利兹大学	英格兰(1904年)
7	谢菲尔德大学	英格兰(1905年)
8	威斯敏斯特大学	英格兰(1838年)
9	萨塞克斯大学	英格兰(1961年)
10	中央兰开夏大学	英格兰(1828年)
11	阿尔斯特大学	北爱尔兰(1968年)
12	伯明翰大学	英格兰(1900年)
13	诺丁汉特伦特大学	英格兰(1881年)
14	西英格兰大学	英格兰(1595年)
15	伯恩茅斯大学	英格兰(1976年)
16	切斯特大学学院	英格兰(1946年)
17	卡迪夫大学	威尔士(1883年)
18	斯德灵大学	苏格兰(1967年)
19	莱斯特大学	英格兰(1921年)
20	普利茅斯大学	英格兰(1825年)

尽管表1-11是英国在21世纪初传播学专业排名前20的大学列表,但由于广告学专业与传播学专业的学科近缘性,故可以尝试作类

比,并得出如下发现:传播学在英国是一个新兴的专业,同时英国是一个非常注重"实效"的国家,一般老牌名校较少有这个专业的课程设置(表1-11中只有1595年立校的西英格兰大学这一老牌高校设有传播学专业),所以大部分设置传播学专业的英国大学不算一流大学,并且它们还多处于英格兰地区。英国的广告学专业同样属于新兴学科,在英国,广告学专业的发展水平还不如传播学专业,所以从逻辑上说,无论是在英格兰、威尔士、苏格兰还是北爱尔兰地区设置广告学专业的大学,在英国大学的综合排名中一般都不会超过设有传播学专业的大学的排名。也就是说,英国设有广告学专业的大学在英国大学的综合排名中一般很难靠前。

三、广告教育在日本的高校与业界具有重要影响

二战结束后,随着日本战后政治体制的变化与经济的复苏,其广告业也逐步得到恢复,首先表现为广告研究与广告教育在日本获得了真正意义上的长足进步。

(一) 二战之后日本的广告实践与理论研究

早在20世纪50年代日本经济高速发展的时期,电通的吉田秀雄等就将美国刚刚流行的市场营销理论引入日本。1955年,日本的生产性本部[①]通过向美国派遣营销使团,将美国较为成熟的市场观念和广告营销理念引入日本,并在日本学界获得了认同和普及。由于当时日本国内各广告相关团体迅速通过讲座、培训、资助出版等形式宣传市场营销理论,促使市场营销理论在日本迅速普及,甚至成为日本的一种全民共识,并完全渗透于日本的质量观念、服务意识和管理理念。

同时,日本国内开始对当时的有关报纸、广播和电视等媒体的发行、

---

① 日本生产性本部是日本的民间组织,成立于1955年,主要任务是从事经营管理的研究和教育,推动生产性运动,促进国际经营管理技术的交流。

收听和收视率进行一系列的实证调查。例如，日本最大的专门调查机构中央调查社在《大众媒体调研报告》（Mass Media Research，简称 MMR）中公布了日本当时主要报纸杂志的普及与发行量情况；1960 年，日本的 ABC 协会也公开发布了日本有关报纸的发行份数；A. C. 尼尔森机构也调查了日本的电视收视率；等等。这些都为日本四大媒体（报纸、杂志、广播、电视）的广告运营与广告发布提供了重要依据。特别是 1964 年，日本的相关调查机构公开了关于媒体广告发布数量的统计资料；1972 年，日本 Vedio Reacher 市场研究公司发表了日本《综合媒体收视调研报告》（Total Media Audience Research，简称 TMAR）。除了这些举动，日本广告业还开发了包括交通、传单等一切潜在可用的广告媒体。

1967 年，著名的日经广告研究所①成立，它将企业形象调查、品牌形象调查、公司并购行为调查、流通调查等作为自己工作的主要目标和研究对象。通过以上各项深入调查，日本广告业开始依据达格玛模式②（Defining Advertising Goals for Measured Advertising Results，简称 DAGMAR），即以通过预定的广告目标来测定广告结果的思维方式和逻辑程序来评估各类商品的广告传播效果。日本著名的广告公司电通在 20 世纪 60 年代开发了自动进行广告媒体选择的 MAP 系统，另一著名的广告公司博报堂也在同一时期开发了与电通 MAP 系统功能相似的 HAAP 系统③。

日本的广告理论研究由此开始走上复兴之路，一批有关广告学理论的研究成果先后问世，仅在 20 世纪 50 年代出版的主要著作有松宫三郎

---

① 日经广告研究所是由日本经济新闻社设立的独立研究机构，创建于 1967 年，其任务是对广告进行多角度、多侧面、全方位的研究，并将研究成果刊登在《日经广告研究所报》（双月刊）上，在广告与经济、广告的国际比较研究等方面有深入研究。该研究所每年出版《广告白皮书》和《主要企业的广告宣传费》，从 1980 年开始发行。此外，它还举办广告方面的研究会议，并不定期地举办地方讲座。
② 达格玛模式是 R. H. 科利在 1961 年提出的一种模式，该模式认为广告的功能是把产品及品牌信息传递给消费者，因此，应该将接受广告的人们的心理变化作为广告效果的依据。
③ ［日］八卷俊雄：《日本广告研究的动向》，《广告研究》1991 年夏日号，第 115—129 页。

的《宣传心理学》(1948)、小沼升一的《广告宣传的实践》(1950)、北泽新次郎的《公共关系的讲话》(1951)、金尺觉太郎的《商业放送的研究》(1951)、新田宇一郎的《新闻广告论》(1954)、栗屋义纯的《广告效果测定》(1954年)、名取顺一《广告心理学》(1958)等①。

进入20世纪80年代,日本专门从事广告学研究的科研人员达400余人,其中不到40岁的年轻一代就占了60%,这表明日本广告业界基本上脱离了欧美的影响,一批新生代的广告研究力量开始进入日本自主研究广告理论与实务的生气勃勃的发展之路。

(二)广告教育在二战后的日本高校与业界占有重要地位

20世纪60年代后,日本经济开始起飞,并于70年代后期一跃成为世界第二经济强国。同时,日本迅速成为世界广告产业最为发达的国家之一。著名的电通、博报堂等广告公司自20世纪80年代以来的年营业额一直位居世界广告公司排名的前列,今天的日本广告从业人员已有数十万之多。随着庞大的日本广告产业及电通、博报堂等这样的大广告公司在世界广告市场的跨国经营与传播扩张,日本广告业的运作理念、经营方式不仅在全球广告业界颇具重要的影响,而且对日本国内的广告教育产生巨大的推动力。

1. 日本的高校教育体制与日本广告教育的路径和方法

虽然早期的日本广告理论与实践深受西方的影响,但二战结束后的日本广告教育开始沿着自己的路径与方式发展,这种变化的出现自然与日本的高等教育体制有着密切关系。

日本的高等教育分为专科、本科和研究生教育三个层次,不同层次的学习年限为专科2—3年,本科4年,硕士2年,博士3年。在研究生教育阶段,有些学校的硕士课程和博士课程分别设立,有些学校则将硕士和博士课程合在一起,这类硕博合一的课程又分为博士课程前期和博

---

① [日]鸠村和惠、石崎徹:《日本广告研究史》,电通株式会社1997年版,第101、122、151页。

士课程后期两个阶段,前期为2年,后期为3年,前期课程一般也被视为硕士课程。日本实施大学专科教育的机构被称为短期大学和高等专门学校,实施大学本科教育的机构是大学的学部(类似中国大学中的院系),实施研究生教育的机构是大学里的大学院(类似中国大学的研究生院或研究生处),日本的高等教育机构又可根据其设立形式和经费来源渠道的不同分为国立、公立和私立三种。

日本的广告教育在实际运作的路径与实施的方法上与中、美、英等国有显著的区别。日本大学的学部中较少设置广告学专业,日本广告人才的培养大部分是通过两条途径或模式来完成:一是在大学相关学部(主要是在商学、经济学、经营学、艺术学、社会学等学部)开设专题性广告讲座,重点以广告基本概念的教育为主,由大学的相关广告学专业理论教师和资深的广告从业人员作为主讲;二是由各大广告公司内部的主管或资深从业人员对新进入本公司的职员进行广告技能的培训,或对在公司处于不同阶段的在岗职员进行职业再教育。

日本广告教育的这种"两元"途径或"双轨"方式,在经过二战后几十年的探索与发展后,在日本形成了较为稳定且又别具一格的广告教育模式。它注重实践的广告教育理念、追求实效的广告人才培养方式、严谨务实的学术研究氛围等,使日本的广告教育在世界上具有自己独特的个性与地位,也因此成为世界第二大广告教育留学地(排名世界第一的广告教育留学地为美国),每年到日本大学和日本主要大型广告公司留学的各国学生数以千计。20世纪末,全日本已有70多所大学开设了各类广告学专业讲座和课程[1],日本的主要大型广告公司都有自己培养广告学专业人才的课堂、教材和师资,它们基本上合力组成了一个较为完整

---

[1] 朱磊在《日本广告教育发展现状》(《现代广告》2005年第9期,第39—40页)一文中总结日本有320多所大学开设了各类广告学专业讲座和课程,而笔者根据韩国刘鹏卢发表的《日本广告教育实况调查研究》(《广告学研究》,韩国广告学会主办,1992年第1期)所列大学名称的统计,共有70多所。因前者没有列出320所大学的具体名称,这两者具体哪个数字准确还需论证,故本书暂取后者数字。

的日本式广告教育体系。

2. 日本高校的广告教育

由于日本的传播学属于社会学领域,市场学属于经济学或商学领域,广告文案属于文学领域,广告设计属于艺术领域,因此那些与广告有关的泛广告学专业在日本的高校中较为少见。此外,日本的广告公司对于大学以上学历的人员采取不问专业背景的方式进行录取。当然,日本也有专门的广告培训机构,在日本叫作专门学校,类似于我们国内的高职高专,只有在那里才有专门的广告学专业。但是,由于学历和水平所限,这些人毕业之后在广告公司大多只是一般的工作人员。因此,日本的广告教育到高职高专这个阶段就停止了,没有再往大学发展,大学中的每个系部都可能涉及媒体和广告方面的内容,日本的大学基本上还没有将广告学作为一个专业来设置,自然也谈不上大学培养。

由于日本的高校一般不设广告学专业,没有专门的广告院系,所以日本大学里培养广告人才的方法主要是通过各类广告讲座(或各类广告课程)来对学生进行广告知识的讲授和教育。日本大学最早开设的广告讲座可以追溯到1962年小林太三郎在早稻田大学开设的广告论课程。20世纪70年代后,日本大学广告教育讲座的数量已呈迅速上升之势。据统计,1970年日本高校共开设92个各类广告教育讲座,1989年达到145个,1991年上升到1012个,1999年跃升到1322个[①]。1970—1999年,日本大学本科生广告教育讲座量的增幅已达14.4倍。这一结果显示了日本高校广告教育的发展势头一度相当迅猛。

日本高校这种独树一帜的广告教育方式广受其他专业的大学生喜爱。由于讲座是对所有在校的大学生开放的,他们既可以将广告知识的学习作为自己专业知识的补充和扩展,也可以将广告作为自己将来就业

---

① 1970—1991年的数据引自[韩]刘鹏卢:《日本广告教育实况调查研究》,《广告学研究》(韩国广告学会主办)1992年第1期,第41页;1999年的数字引自王润泽:《日本的广告教育》,《国际新闻界》2002年第4期,第76页。

的一个选择方向。尤其是20世纪70年代以来,在日本经济和社会不断面临挑战、社会就业压力剧增的情况下,日本高校各专业的学生自觉地接受广告教育并期望毕业后从事广告这一朝阳事业的人数呈上升趋势。因此,日本大学中各类广告讲座的开设数量越来越多,如神奈川大学、东海大学、独协大学、关西大学、爱知大学、上智大学、松山大学、早稻田大学等都开设各类相关讲座。

3. 日本广告公司的广告教育

除了高校的广告教育,通过广告公司的广告教育来培养业界所需的广告人才是日本广告教育的另一个重要途径。

日本通过广告公司来培养广告人才的模式起源于19世纪末的博报堂和20世纪初的电通等广告公司的初创时期。当时的日本还没有专门的学校来培养广告人才,因此,迅速发展起来的广告公司便根据自己的实践经验和理论总结,通过公司的主管或资深从业人员对新员工进行广告教育,并取得了不错的效果。于是,这一通过广告公司对新进员工进行广告教育的模式延续至今,而由电通、博报堂等广告公司创设的这种模式已是目前日本大广告公司培养自己所需广告人才的主要途径。

电通的全称为电通株式会社[①],创建于1901年7月1日。经过100多年的奋斗,据美国《广告时代》杂志的统计资料,电通至1997年时已经连续25年位居全球单一广告公司经营额第一,而包括国外分公司在内的电通已拥有6 000多固定广告客户,雇有16 100多名员工,2005年的业务额达到19 632亿日元(约为1 374亿元人民币)。因此,电通每年都要招收数百名各种专业的大学毕业生。虽然日本大学中不设广告学专业,也没有广告学专业毕业生,但由于广告在日本是热门职业(日本大学生就业首选目标前三位),大学生中对广告感兴趣的人很多,诸如

[①] 电通的前身为1901年创立的日本广告和1907年创立的日本电报通讯社,提供新闻和广告代理服务;1936年转让新闻通讯部门,改为专营广告代理至今。电通总部位于东京,是日本最大的广告公司,也是世界上最大的广告公司之一。

电通这样的大广告公司自然不愁找不到优秀的学生。由于电通招收的新职员基本上来自大学的其他各个学科或专业,因此,电通每年必须对新进的大学毕业生进行具有实务性质的广告教育。

电通对广告人才的培养有以下三种方式:①对新进来的员工进行正规的职业培训,以期为电通培养优秀的广告人才;②对大学在校的三年级学生进行宣传,并对他们进行广告创意方面的专门授课,为电通培养潜在的广告人才;③对电通在岗员工进行终身广告教育,为电通保持一个持续不断、始终进取的人才梯队。

同电通公司一样,始建于1895年的博报堂不仅是日本历史最悠久的广告公司,也是日本排名第二、世界排名前列的广告公司。它在全世界已有53处事务处,覆盖15个国家的36个城市,博报堂每年都有100多名新职员进入公司。博报堂同电通公司一样,要对新职员进行规范完整的广告研修教育,涉及8个科目:①入社礼仪;②基本知识与技能;③市场流通基础理论;④公司的会计系统;⑤现场业务和商务基础知识;⑥公司内信息活用方法及在线实习;⑦项目实习;⑧安排后引进全职研修。其间,职员每天的研修结果都将上报给上司。博报堂在安排完成之前学员有1个半月的研修期,安排完成后学员有6个半月长的在职培训,这是其特色之处。

第三节 广告教育的现状

同世界上所有事物的起源与发展都有其自身内在的规律与特点一样,各国广告教育由于各自近代化进程的内外动因不同,地缘政治与社会经济所处的客观环境与发展程度不同,致使各国近代广告产业的产生与发展水平不同,进而导致各国的广告教育具有许多差异。

一、各国广告教育萌芽与源起的特殊性

第一次工业革命后,西方的经济与政治走在世界的前列,西方以近代报刊为标志的大众传媒时代的到来早于世界其他国家和地区,西方具有近代意义的广告事业的发端与起步也优先于其他国家和地区。由此,西方(包括美国和日本)的广告教育,尤其是西方的大学式广告教育与日本的公司式广告教育也早于并领先于世界其他国家和地区。

17世纪,当西欧出现第一张用金属印刷机印制的报纸(荷兰安特卫普的《新闻报》于1609年创刊)之时,世界其他大部分国家和地区基本上还处于信息封闭的自然经济社会。19世纪末,当美国在第一次工业革命的影响下进入商业社会的繁荣时期时,亚非拉的绝大部分国家和地区基本上还处于西方殖民地或半殖民地社会。因此,本书在梳理和考察早期世界各国广告教育的萌芽与源起时,自然就不得不将目光朝向美、英(包括后起的日本)等少数几个最早进入工业化的资本主义强国,世界近代的广告产业、广告研究和广告教育主要起始于这几个国家。

西方在近代广告产业、广告研究与广告教育上的先发优势,无疑造成了世界各国广告教育的萌发与源起具有深刻的不同步性,也造成了西方在广告研究与广告教育(当然也包括广告产业)方面的强势地位。其带来的结果是:西方的广告理论与广告实务、西方的广告教育理念与广告教育体系,都深刻地决定并影响了后发国家的广告产业、广告研究和广告教育的价值观念、理论基础、运作程序与实务方式。同时,它也深刻地影响了中国今天的广告产业、广告研究与广告教育的经营方式、理论体系、基本模式与总体趋向。

二、各国广告教育的发展水平具有不均衡性

世界各国广告教育的发展水平存在严重的不平衡性。由于历史的原因,近代以来直至今天,尽管当今新兴工业化的国家和地区(如澳大

利亚、墨西哥、新加坡、韩国、中国台湾和中国香港等)的广告教育在20世纪七八十年代有了很大的进步和发展,但总体来讲,世界先进的广告教育主要还是集中在西方发达国家(包括美国和日本)。

一个国家广告教育的水平与规模,首先取决于该国广告产业的发达程度。目前,世界广告产业的总体状况,无论是在技术、规模还是国内外市场占有率及营业额等方面,依然是美国、日本和西欧发达国家占据绝对主导与领先地位。这种状况可从2007年和2019年位列世界前10位的跨国广告公司的营业额及所属国家的实况中略见一斑(表1-12)。

表1-12 2007年世界前10位跨国广告公司及其广告营业额与所在地/国

排名	广告公司	营业额(百万美元)	总部所在地/国家
1	电通	2 432.0	东京/日本
2	麦肯世界集团(McCann & Erickson)	1 824.9	纽约/美国
3	天联广告公司	1 534.0	纽约/美国
4	智威汤逊广告公司	1 489.1	纽约/美国
5	灵智广告公司(Euro RSCG Worldwide)	1 430.1	纽约/美国
6	葛瑞广告(Gray Advertising)	1 369.8	纽约/美国
7	恒美广告公司(DDB)	1 176.9	纽约/美国
8	奥美广告公司(Ogilvy & Mather)	1 109.4	纽约/美国
9	帕布利希斯集团(Publieis)	1 040.9	巴黎/法国
10	李奥·贝纳广告公司(Leo Burnett)	1 029.3	芝加哥/美国

表1-13 2019年跨国广告公司在华广告营收额与母公司所在地/国①

排名	跨国广告传播集团	收入（百万元）	总部所在地/国家
1	WPP集团	6 918	伦敦/英国
2	电通安吉斯集团	5 917	东京/日本
3	阳狮集团（Publicis Groupe）	3 043	巴黎/法国
4	宏盟集团（Omnicom）	2 246	纽约/美国
5	杰尔集团（Cheil Worldwide）	1 395	首尔/韩国
6	IPG集团（Interpublic Graop of Companies）	1 002	纽约/美国
7	博报堂	513	东京/日本
8	汉威士集团（Havas Worldwide）	181	巴黎/法国
9	MDC Partners	93	纽约/美国

毫无疑问的现实是，广告产业最为发达的英、美、日等国家是目前世界上广告教育最发达的。需要着重指出的是，虽然20世纪六七十年代以来韩国、新加坡、中国香港等新兴工业国或地区的广告产业发展迅速，包括80年代以来中国、墨西哥、巴西等发展中国家广告产业的迅速崛起。不过，目前还没有其他国家或地区从根本上撼动上述广告大国在国际广告产业中占据的绝对主导与领先地位。

一般而言，世界的广告理论与所谓的广告理论流派主要来自对广告理论研究启动最早且研究最为深入的国家，世界的广告教育与广告教育研究机构则主要集中于美国、日本和英国等的优秀大学和著名广告公司里。

如今，美国有近170所大学设置了广告学专业，有近60所大学建有广告学硕士研究生培养点，有24所大学可以授予广告学方向的博士学

---

① 《2020中国广告代理商图谱》，2020年5月25日，知乎网，https://zhuanlan.zhihu.com/p/143506505，最后浏览日期：2020年10月19日。

位。美国广告教育院校和广告研究机构至今已出版 300 多部广告理论著作[①]，包括得克萨斯大学奥斯汀分校出版的美国广告教育白皮书《对未来广告教育的思考》、著名学者比利·罗斯编著的美国大学广告教育研究报告《广告教育：昨天、今天与明天》，以及美国《2001 年广告教育峰会白皮书》《对 5 年来美国大学广告与公共关系教育的回顾》等，都已成为其他国家的广告教育者阅读与研究的主要文本对象。美国大学培养出来的广告学专业人才更是随着美国 4A 跨国广告公司在全世界的扩张而遍布世界各地。比较而言，广大第三世界国家的广告教育基本上还处于发展或起步阶段，有的国家的广告教育甚至还处于起点状态。

[①] 根据美国得克萨斯大学奥斯汀分校广告学专业研究图书（https：//advertising.utexas.edu/resources/books/）的不完全统计。

第二章　国外高校广告教育的理念与课程体系

从 19 世纪末到 20 世纪初,第二次工业革命的兴起与科学技术的广泛应用,导致古典大学教育制度已满足不了急速发展的社会对新型人才的需要,要求高等教育机构为社会培养新型人才的教育指向成为那个时代的主流意识。

大学的教育理念,尤其是关于对本科学生的教育与培养的目标取向,是任何一所高等院校专业教学必须明确的核心内容。然而,关于专业教育(specialized education)与通识教育(general education)到底应当以哪方面作为本科教育的重心,到底哪一种教育才真正适应处于时代巨变中的社会发展与人才培养需求的争论,自 20 世纪初以来,在包括欧美在内的诸多教育大国中始终没有停止过。今天,人们能够看到的现象是:美、英、日等发达国家许多大学的诸多学科在这一辨析和争论中,教育价值的重心开始自觉或不自觉地逐渐向综合素质与创新能力的教育方向倾斜。

第一节　国外高校广告教育的理念与目标

广告作为一个实务性、应用性与技能性非常强的行业,在学理上,它不仅与 20 世纪初叶兴起的传播学、新闻学、商学、市场学、营销学、公共关系学、心理学、艺术学、社会学等学科密切相关,而且在实践上,它还与因第三次科技革命而发生巨大变化的广告媒体与广告传播环境密切相关。传统的职业性广告教育已远远不能适应社会、经济与文化飞速发展的需要,包括美国高校在内的众多广告学专业的学生毕业后经常因缺乏对新环境的应变能力而难以适应快速发展的社会和行业的需要。因此,广告教育发达的美、英、日等国的广告教育理念在20世纪80年代后相继发生了新的转变,即在强调职业化教育与技能化训练的基础上,鼓励"培养重视研究之风"[1];在强调技能素质教育(专业教育)的基础上,重视对学生理论素养与创新能力的培养。

一、美国当代广告教育的理念

当代的美国不仅是世界教育大国和教育强国,也是世界上最早在大学这一层次实现广告学专业人才培养的国家,在宏观教育理念——"追求教育公平和教育机会平等;教育的目标在于培养合格的公民;人文精神是教育之魂;独立思考,质疑一切;教育是社会自由的保证;教育是国家和社会的支柱;教育是一种信仰"[2]的引导下,在美国开放的学习环境和多元文化的影响下,美国高校的广告教育理念与教育目标所要求的人文素养及价值取向在世界范围内有重要影响。根据对美国密歇根州立大学、佛罗里达大学、宾夕法尼亚州立大学等著名大学的广告学专业培养目标与课程设置情况的梳理、分析与归纳,目前,美国大学的广告教育具有两个显著特点:重视综合技能与应用素质教育;注重加强理论素养与创新能力培养。

---

[1] 《美国密歇根州立大学传播科学与艺术学院院长查尔斯·萨门访谈录》,《中国传媒报告》2005年第3期,第123页。
[2] 张国骥:《美国教育理念之探析——赴美考察笔记》,《湖南师范大学教育科学学报》2005年第3期,第57—62页。

（一）重视综合技能与应用素质教育

美国广告教育的主要阵地是大学，美国大学广告教育的基础是其本科教育。由于通识教育是美国大学本科教育普遍遵循的教育理念，因此，当代美国大学广告本科教育的目标非常明确，就是为美国发达的广告业及传播业的未来从业者提供与时俱进的综合技能与应用能力的教育和训练。这一办学理念贯穿于美国许多大学广告学专业的教育活动。

例如，创建于20世纪50年代的伊利诺伊大学的广告系，在经过70多年的发展后，已形成了风格独特的教育主旨。早在该校广告系创办之初，它就积极提倡广告教育的首要任务是培养学生的理解与分析问题的能力。它并不认为广告系的学生主要精通几门广告学专业课程就行，而是以培养学生成为具有广告管理与广告经营之综合技能的通才作为该专业的教学职责。故此，今天的伊利诺伊大学广告系的教育理念是：①沿袭人文传统，培养广告学专业通才；②启发学生在广告及相关领域具有分析、决策、创意和策划的能力；③充实学生在信息技术与信息技能方面的知识；④启迪学生钻研行为学、统计学和计算机等学科，以熟悉和掌握有关分析和决策的最新工具，并了解这些技能和知识在广告实践中的应用方式；⑤鉴于广告与社会、经济和政治的密切关系，要启发学生对这些方面的基本了解，由此，学生才能将广告企划和执行与社会、经济的变化相适应，也才能理解广告在社会中的角色本质[①]。伊利诺伊大学广告系的教育宗旨明确地表示了其非常重视对广告学专业学生的人文科学知识的灌输，目标是让学生掌握了解社会、懂得经济、体察政治的能力，使学生成为知识广博、视野开阔、学有专精的广告人。

又如，西肯塔基大学广告学专业招生时的外宣理念是："最好的学校、最好的专业、最好的工作！"（The Best School, The Best Program,

---

① 参见赖建都：《台湾广告教育：回顾与前瞻》，台湾高雄复文图书出版社2007年版，第18页。

The Best Jobs!）①可见，学生毕业后能够在社会上获得"最好的工作"是西肯塔基大学广告学专业教育目标的自我定位，其具体的教育取向是通过对学生的综合技能与应用素质的专业教育，来"为我们学生毕业后所代理的真正的广告客户进行工作并获得效益；在被（广告公司）雇佣期间，充分发展学生的表现、销售和设计技能；建立具有深刻影响的庞大、完整的人际网络；享受到芝加哥、亚特兰大、纽约和辛辛那提的旅游，并可以拜访那些成功的公司"②。

圣何塞州立大学的广告学专业同样非常注重培养学生的专业技能与实务操作能力，其提出的广告教育目标非常简洁明朗，即在实践中学（Learn by Doing）。在该校广告学专业开设的10门专业主修课程中，它特别将信息环境、新技术实践等课程列为学生的必修课，还将学生到广告公司的实习列为本科教学的重点内容③。

南密西西比大学的广告学专业对外招生的宣传语是"选择您的专业，相信您的大学，享受成功世界"。其广告教育的目标倾向于对学生综合广告技能与应用素质的教育。该校广告学专业的招生简章宣称，在日常教学中，会让学生"实践从未有过的广告和公关"，为学生"创建一个强有力的学术基地平台和学习获得成功的应用技能"，并鼓励学生"积极参与美国广告联合会（American Advertising Federation，简称AAF）和美国公共关系学生协会（Public Relations Student Society of America，简称PRSSA）的活动"④。

博恩特帕克大学的广告学专业非常注重并强调对学生综合技能的训练，其教学理念体现在它以实践为主的授课内容与教学方法上，该校开设的"广告学课程以动手能力与实际应用的课程为主，而不仅是理论

---

① Billy I. Ross, Keith F. Johnson, *Where Shall I Go to Study Advertising and Public Relations? 2004*, Advertising Education Publications, 2004, p.23.
② Ibid.
③ Ibid., p.10.
④ Ibid., p.32.

课程,且由具有公共关系与广告学实践经验的教师授课,并有机会在匹兹堡顶级的公关和广告公司进行非常有益的实习"[1]。

路易斯安那州立大学大众传播学院广告学专业的教育目标是"毕业生可以成为政治顾问,为政府机构、非营利团体、私人机构或媒体企业工作,或追求学术生涯"[2]。

罗斯福大学的广告学专业教育目标是"提供灵活的课程,满足传统和非传统学生的需要",它尤其强调对技术技能的培养,其"设施为图形设计、摄影、广播和印刷工作提供最新的技术"[3]。

得克萨斯克里斯汀大学广告学专业的教育目标是让学生"在美国最有活力的媒体市场上获得广告与公共关系硕士学位",并许诺学生"能够获得广告与公共关系硕士学位,在美国第7大媒体市场追踪自己的广告或公共关系生涯"[4]。

上述例证虽然仅讨论了美国几所大学广告学专业的教育理念与教学目标,但它们作为一个窗口或一个缩影,可以让我们观察到重视对学生进行综合技能与应用素质教育已成为许多美国高校广告学专业教育的一种普遍价值观与主旨目标取向。

(二)注重加强理论素养与创新能力培养

美国许多大学的广告学专业相对偏重于对广告实务和广告技能的学习,从上述几所大学的广告教育目标中可以得到一定的印证。但是,在面临第三次工业革命的浪潮及新技术、新媒体不断涌现的现实,传统的教育理念无疑越来越受到时代的严峻挑战。美国广告学界于20世纪90年代对当时美国高校广告学专业偏重于职业技能培养的模式产生了

---

[1] Billy I. Ross, Keith F. Johnson, *Where Shall I Go to Study Advertising and Public Relations? 2004*, Advertising Education Publications, 2004, p.43.
[2] Ibid., p.25.
[3] Ibid., p.17.
[4] Ibid., p.49.

质疑:"如果所有广告教育都尽力为能在广告业就业而培养学生,那么大学校园里的广告系的价值就值得大大的怀疑……"《2001年广告教育峰会报告白皮书》(*A White Paper Report on the Advertising Education Summit 2001*)中也提出了在新形势下"通过何种方式能使学生取得最大进步"[1]这一急迫命题。在美国,广告学专业基本上归属于新闻/传播学科,在通过由传统的"术"向现代的"学"的方向转型而提高了广告学专业的理论性与学术内涵之后,培养具有一定理论素养和创新能力的广告精英自然成为当今美国一流大学广告学专业的主流理念和主要目标。

例如,佛罗里达大学广告学专业的主旨教育目标就是"培养学生成为策略性传播领域里的领导角色(leadership roles)"。为实现这一目标,佛罗里达大学提出,"尽管我们坚信自己能够为学生提供指导和帮助,但我们更想营造一种环境,激发(学生)强烈的学习自觉和学习欲望。成功取决于学生的以下能力:①批评性思考;②有效地用语言文字方法沟通;③对建设性批判的积极接受和反应态度;④对自己的行为负责"。佛罗里达大学把对学生的学习能力、思考能力、反应能力的培养作为其广告教育的主要导向[2]。

霍华德大学广告学专业的教育理念与佛罗里达大学一样,它的教学宣言是:"今天的霍华德大学正培育着明天广告与公关界的精英们。"[3]

被称为美国广告学教育先驱的密苏里大学,其广告学专业的目标更是雄心勃勃,"我们培养未来具有战略沟通能力的业界领导者"(We train the industry's future leaders in strategic communication)。他们培养出来的学生将成为业界"未来的艺术主管、公关专家、平面造型艺术家、

---

[1] John H. Murphy, Neal M. Burns, John D. Leckenby, *A White Paper Report on the Advertising Education Summit 2001*, The University of Texas at Austin College of Communication Department of Advertising, December 2001.
[2] 陈月明:《美国高校广告教育》,《宁波大学学报》(教育科学版)2006年第2期,第93页。
[3] Billy I. Ross, Keith F. Johnson, *Where Shall I Go to Study Advertising and Public Relations? 2004*, Advertising Education Publications, 2004, p.12.

市场主管、创意开发者、广告文案者、财务经理、研究者等"①。

美国较早授予广告学专业博士学位的得克萨斯大学奥斯汀分校的广告学专业则将培养学生的创造能力作为教学的首要目标,即"通过提高他们的思辨能力……在这个国家最优秀的大学里,不管他们是选择创意、规划、互动或是媒体,我们的学生都会结合广泛、自由的文科课程,深度探讨广告诀窍与创意"②。

上述这几所拥有全美顶尖广告学专业的大学提出的注重加强理论素养与创新能力培养的广告教育理念与目标,代表了美国当代广告教育的主流思想和普遍意向。

二、日本当代广告教育目标的特征

由于日本大学中一般不专设广告学专业,也没有专门的广告院系,仅是在许多大学中开设广告讲座或广告课程。这实际上从侧面反映了广告教育在日本大学教育中的地位不高。由此,直接考察日本大学的广告教育理念有些难度,但可以从日本的广告业界和广告公司资深从业人员的一些思想和言行中,总结并勾勒日本当代广告教育的基本目标与主旨取向,具体表现为如下两点。

一是当今的时代变化和科技发展导致日本社会对高校教育的要求和期望发生了变化。日本社会普遍认为大学不仅应培养学生具备必要的专业技能,还要培养学生的理论素养与创新能力。对此,日本广告学界大致存有两种不同的看法:一种是坚持大学的广告教育应加强对学生进行广告基础理论知识的传授;另一种则认为应在现行大学开设广告讲座的基础上增加对学生在广告实务方面的教育,以便学生毕业后能尽快适应广告公司的职业节奏。由于这两种意见在业界一直没有达成统一,

---

① Billy I. Ross, Keith F. Johnson, *Where Shall I Go to Study Advertising and Public Relations? 2004*, Advertising Education Publications, 2004, p.51.
② Ibid., p.51.

所以，日本目前的广告教育模式仍处于"两元制"境地，即大学广告讲座式教育与公司广告实务型教育并存的局面。前者主要以广告的基本概念与基础理论的教育为主，由大学的相关教师和社会上的广告资深从业人员通过讲座的形式讲授；后者将广告实务与技能部分的内容在各大广告公司内部进行讲解，即由广告公司的主管或资深从业人员对新进入本公司的职员进行综合技能培训，或对公司处于不同阶段的在岗职员进行职业技能再教育。

二是日本广告业界资深从业人员对日本广告教育的目标诉求也有自己的看法。例如，电通公司的员工就认为广告产业需要的是具有综合能力（包括感性、理性和人性）的人，即他应该是一个掌握广博知识并具有深刻洞察力与领悟能力的人。用时任电通公司成田丰社长的话来说，广告人要具有"人的力量"，而反映在大学的广告教育上，其应以沟通作为广告教学的中轴，并围绕此展开广泛的广告教学与广告研究[①]。

时任日本电通株式会社高级执行总监，素有"日本广告界之父"之称，同时出身于社会学专业的镜明先生则强调，广告实务应该是广告教育的第一要务。为说明镜明先生的这一观点，此处摘引《现代广告》2006 年第 9 期刊登的一篇中国记者采访镜明先生的问答内容，以帮助我们初步了解日本业界对广告教育所持有的期待：

> 记者：你的广告创意和设计都是从哪里学到的？
> 镜明先生：我关于广告的所有知识都是在电通的实际工作中学到的，收获最大的就是看了很多电视广告，特别是（20 世纪）60 年代美国的电视广告。从某种意义上来讲，（这些电视广告）可以说是我的教科书。

---

① 王润泽：《日本的广告教育》，《国际新闻界》2002 年第 4 期，第 77 页。

记者：……日本大学没有广告学专业，而中国现在有200多所大学开设广告学专业，你认为广告（知识）是不是大学能教出来的？你认为是中国的大学式广告教育模式还是日本的广告实践教育模式更值得倡导？

镜明先生：我并不否定大学的教育，但像电通这样花费好几年的时间在工作中培养人才的做法，从培养人才的成本角度来讲，并不是每一个公司都能做到的。其实，广告本身是与社会息息相关的东西，把广告学科当作理论研究不能同等于怎样学习广告。广告是一个非常灵活的东西，学习创意、制作广告更多的是一种感性的认识，最重要的是能把握对市场的实际感受，如果能够把这一点教给年轻人，我认为任何培养模式都是可以的。[①]

日本广告学界大致存有的上述两种不同的广告教育理念目前还未趋向一致，这在无形中给日本广告学界留下了广告实践总结与广告理论研究的广阔空间。

三、英国当代广告教育的价值取向

英国是西欧开展广告教育较早的国家，其广告教育的理念较为成形，并且在欧洲具有普遍的影响力和代表性。

根据对英国新白金汉大学、北安普顿大学、贝德福特大学、切斯特大学、中央兰开夏大学、爱丁堡龙比亚大学、阿尔斯特大学、伯恩茅斯大学等设有广告类专业的大学的广告人才培养目标及有关广告课程设置情况的考察与分析，英国大学广告教育的理念和美国大学的广告教育理念呈现出两个相同的特点：在本科阶段，英美各高校都重视对学生基础知识的教授，都重视对广告理论和综合实践能力的培养。此外，有一个不

---

① 陆斌、远藤奈奈：《日本广告教父镜明》，《现代广告》2006年第9期，第56页。引用时有改动。

同的特点,英国大学的广告学专业大都是广告与其他相关学科进行交叉而形成的一种"泛"广告学专业教育。

(一)注重应用技能与工作能力的教育

或许是老牌资本主义国家的功利性本质使然,20世纪中叶以来,英国许多大学的应用型专业都比较重视对学生专业知识、实践能力和综合素质的培养。这一特点非常深刻地体现在这些大学的广告学专业的教育理念与教育实践上。

1. 注重专业技能知识的教育

英国部分大学广告学专业的一个基本目标取向,就是非常注重对学生专业技能的教育和就业技能的培养。例如,北安普顿大学的广告学与设计专业明确地向社会承诺:"我们的教育目标是使学生掌握实用的沟通技能和知识,以在广告传播、广告设计、广告管理的公司中胜任。"[1]

贝德福特大学的广告设计专业在教学目标中强调,要通过"将广告理论与设计实践有机结合,使毕业生具备多重技能,以加强他们在设计、管理与营销领域的求职能力"[2]。切斯特大学艺术与媒体学院的网页如此介绍广告学专业的教育目标:"我们把对广告信息效果的细致研究与发展实用创新技巧的实践项目相结合,以此为学生在广告、品牌管理、公关或企业信息沟通等工作领域获得一份回报丰厚的工作机会做好准备。"[3]新白金汉大学的图形设计与广告学专业强调,通过"课程的特点和优势使毕业生在竞争激烈的职场中成为有力的候选人"[4]。

2. 关注实践能力的培养

与美国高校广告教育注重学生动手能力的理念一样,英国的广告教育也非常关注对学生实践能力的培养。

---

[1] 参见北安普顿大学网站:https://www.northampton.ac.uk。
[2] 参见贝德福特大学网站:https://www.beds.ac.uk。
[3] 参见切斯特大学网站:https://www.chester.ac.uk。
[4] 参见新白金汉大学网站:https://www.bucks.ac.uk。

中央兰开夏大学设在商学院的广告与市场专业在其课程设计中明确提出,培养学生的"创新能力和打破常规的思考能力都至关重要"。为此,"鼓励学生探索各种媒体形式……参与团队协作。团队合作的表现将反映他们未来在业界工作的表现。学生将被要求在艺术评论会上展示自己的作品,并对自己'同事'的作品提出建设性的反馈意见。另外,对竞争性作品创作和学习终评都非常必要的计算机技能培养也是日常课程的重要组成部分"[①]。

爱丁堡龙比亚大学设在传播艺术学院的传播、广告与公关专业十分注重对学生实践能力的培养。其在自己的网页上这样承诺:"本专业旨在训练学生成为职业传播从业者。培养学生对传播理论的理解能力及广泛应用的能力。学生将在贯穿课程的各种媒体传播训练中运用自己所学的技能;作为课程项目的一部分,学生可赴欧洲或美国学习一段时间;课程与商务传播者协会和公共关系协会等专业团体有密切联系;所有学生都将承担代理机构中的工作,为未来职业做好最佳准备。以后将有可能成为广告代理机构的广告撰稿人或艺术导演。"[②]

(二)重视创新能力与综合素质的培养

与美国一样,在信息技术使广告产业的运作环境发生重大变化、业界对广告人才要求大大提高的压力与挑战下,英国许多大学的广告学专业在加强对学生进行应用技能与实践能力培训和教育的同时,也开始注重对学生创新能力与综合素质的培养和教育。

北爱尔兰的阿尔斯特大学设在传播学院的传播、广告与公共关系专业(硕士层次)的目标就是培养具有创新素质的广告人才。他们认为,一个学生的成功取决于以下能力与素质:①对学术和职业的商业性传播核心问题有深刻理解;②在各种工作环境中具备有效的传播能力;③具

---

① 参见中央兰开夏大学网站:https://www.uclan.ac.uk。
② 参见爱丁堡龙比亚大学网址:https://www.napier.ac.uk。

有职业竞争力,能够运用语言学、公共关系、人际关系、组织要素以及广告学和营销学的知识;④具备团队合作经验;⑤能够从相关资源中获取建议和指导,并对其作出适当反应;⑥具备专业知识和技能,能够完成研究生阶段原创性科研的客观调查和评估①。该校将学生的学习能力、应变能力、团队精神作为其广告教育的主导方向。

伯恩茅斯大学的广告与营销传播专业教育将学生的创新能力与综合素质放在首位。该校在招生时在有关材料中要求学生具备以下四点。①自信。在职场若想成功就必须自信,必须让别人信服你的观点。②团队意识。广告与营销传播是团队作业,你会与公共关系、促销、个人销售等人员一起工作,还必须管理客户关系。③创造性思维。广告业集中了最有创意的人,为了成功,你必须思考新方法,用新角度看待人、产品和市场。④IT技能基础。要求学生接触过网络、统计分析软件、数字媒体②。

在本科及研究生阶段,英国的大学都积极鼓励学生广泛阅读,学生还要对所读书籍和资料进行分析,提出问题,在研讨会和课堂上提出个人的想法并进行讨论。同时,与职业紧密相关的实践课程的设置旨在培养学生胜任现代社会中的特定工作,许多课程将工作中所需的实际技能与理论知识很好地结合起来。③

切斯特大学广告学专业的教育目标十分清楚:"广告是大众文化中创造性理念最有影响力的来源。广告中发展起来的叙事方法经过全球传媒和通信网络在世界范围内的传播,已改变了我们观察周围世界的方式,也改变了我们用于描述这个世界的语言。"因此,切斯特大学认为广告教育必须"把对广告信息效果的细致研究与发展实用创新技巧的实践

---

① 参见阿尔斯特大学网址:https://www.ulster.ac.uk。
② 高运锋:《英国大学广告教育模式》,《现代广告》2005年第9期,第36—37页。
③ 英国驻华大使馆文化教育处:《英国留学指南·2007》,中国大百科全书出版社2007年版,第15页。

项目相结合,使学生在广告、品牌管理、公关或企业信息沟通等工作领域为一份回报丰厚的工作机会做好准备"。为此,其广告学专业的"课程项目从建立在成功的广告活动之上的坚实理论和策略基础出发,教你如何开发利用你与生俱来的创作潜能,创作出有力而打动人的广告作品。本课程项目将使你深刻理解一股指引当今世界发展进程的最强大力量,也提供不断挑战你进行创造性思考的职业所需的从业技能"①。

(三) 倡导跨学科知识的积累

强调综合素质教育的理念在英国广告教育中最突出的表现是,英国大学的广告学专业往往与其他相关学科交叉而形成一种"泛"广告学专业教育的跨学科性。从表2-1中统计的英国绝大部分广告学专业的名称就可以清晰地发现,英国广告学专业的教育目标倡导的是多方向、跨学科知识的综合与积累。

表2-1 英格兰、威尔士、北爱尔兰和苏格兰地区八所大学的广告学专业名称

地区	大学	广告学专业名称
英格兰	北安普顿大学	广告学
		广告学与设计
		广告学与公共关系
	新白金汉大学	图形设计与广告学
		广告与营销管理
		商务与广告管理
	贝德福特大学	广告与营销传播
		广告设计
	伦敦艺术大学	广告设计
		市场营销与广告

---

① 参见切斯特大学网站:https://www.chester.ac.uk。

(续表)

地区	大学	广告学专业名称
威尔士	威尔士纽波特大学	广告设计
	斯旺西大学	广告设计
北爱尔兰	阿尔斯特大学	传播、广告与公共关系
苏格兰	爱丁堡龙比亚大学	传播、广告与公共关系

表2-1中,除了广告设计这门艺术性、独立性较强的专业,大部分大学的广告学专业基本上都与其他专业交叉或结合。以新白金汉大学为例,图形设计与广告学设置在视觉与传播艺术学院。它将广告学与图形设计结合,体现了该艺术学院广告学专业的侧重点;其设置在商学和管理学院的广告与营销管理、商务与广告管理两个专业则将广告学与商务、管理的有关学科知识进行了交叉与融合,突出了跨学科教育的特性。北安普顿大学的广告学与公共关系专业、贝德福特大学的广告与营销传播专业也是英国广告教育理念倡导跨学科知识的综合与积累的一种具体表现。

总之,在英国高校设置的广告学专业中,与其他专业交叉或结合的"泛"广告学专业的比例占绝大部分,这是英国高校广告教育的一大特色。

纵观上述美国、日本、英国的大学或业界的广告教育理念的基本内容,可以看出各所大学(包括业界)的广告教育理念虽表述不一,但总体内涵在时代大趋势的影响下正逐渐趋同;虽然各所大学(包括业界)的广告理念提出的时间有早有晚,但在全球经济、政治和社会文化的巨变下,它们正在与时俱进地变革着。这些大学或业界的广告教育理念之所以能长期推进它们各自国家广告教育乃至广告产业的发展,是因为这些广告教育理念基本上符合时代发展的规律,顺应了植根于社会需求的时代发展。

第二节　国外高校广告教育的课程体系与师资构成

如果说教育理念是一所高校的办学灵魂,课程体系则是学科或专业的核心内容。简而言之,课程设置的科学与否直接反映和折射出该学科内在的专业特质和教学水平。

课程体系的构筑与建设是一项复杂的系统工程,它不仅要体现该专业的教育理念,更涉及该专业课程的整体规划与前后衔接、教学内容的系统规范与发展创新、师资的知识结构和专业素养、教学设备的配置调度与有效应用、专业实习和课外指导的时间安排及实践指导等。

广告学作为一门发展中的学科,其课程体系架构的意义和价值更是如此。"一般说来,中外广告学界与业界几乎都肯定广告人必须具备商业头脑、创造才能、传播知识,通晓市场调查技术,有浓厚的科学经营理念,更要人品良好。"由此,为了培养这类广告人才,广告教育的课程设计"必须以强化受教育者的人文素养为前提,涵盖行销、管理、传播与艺术等四种专门学术,理论与实务并重,才足以教育学子,启迪专业技能,以培养广告界所需要的经营人才"[①]。

经过长期实践与积淀而形成的美、英、日等国家的高校广告教育课程体系基本上秉承和体现了它们的教育理念及上述广告课程设置的原则要求。

一、美国大学广告学专业的课程设置

美国大学的广告学专业目前有三个层次:本科、硕士研究生、博士研究生。其课程自然也分为三个体系,其中的本科课程和硕士研究生课程

---

① 赖建都:《台湾广告教育:回顾与前瞻》,台湾高雄复文图书出版社2007年版,第8—9页。

体系最为引人注目。

(一) 广告本科专业的课程设置

美国大学本科教育的前两年主要是通识课程，不分专业。学生通常在二年级期末前后才开始确定自己接下来的专业。当然，也有学生把部分通识课程的学分放到最后一两个学期，提前修完专业课程的学分。因为美国大学实行学分制，只规定各个专业的必修课、选修课的学分，至于先选修什么课程则由学生自己决定，所以，在美国的大学里就会出现同年入校的学生选定专业的时间不一样，或同年、同专业的学生选必修课的时间不一样的情况。

在美国大学设置的广告学专业中还有一个特殊情况，即根据自己广告学专业所开课程的特点对自己所设的广告学专业冠以9个不同名称的附加"命名"(Title)，如专业(Major)、方向(Sequence)、专门化(Specialization)、领域(Area)、常规(Track)、选修(Option)、侧重(Emphasis)、以……中心(Concentration)等。例如，阿拉巴马大学广告学专业的附加名为"Major"、俄亥俄大学广告学专业的附加名为"Sequence"、密苏里州立大学广告学专业的附加名为"Emphasis"等①。我国高校中的广告学专业没有这种附加命名的传统，所以也就没有与之对应的译词，暂且按笔者的理解来对此作出解释。

在广告学专业前附加具有特定含义的不同命名，即不同的专业名称直接显示该专业培养广告人才的侧重点，其专业课程也以此为依据而设置，目的是向准备读广告学专业的学生表明各个学校的广告学专业会根据各自不同的培养方向设置相应的专业课程和核心课程。学生可以根据自己毕业后希望从事的具体职业方向来选择适合自己课程体系要求的某所大学的广告学专业。

---

① 参见 Billy I. Ross, Jef I. Richards, *Where Shall I Go to Study Advertising and Public Relations? 2008*, Advertising Education Publications, 2008。

例如，以"Major"和"Sequence"命名的广告学专业主要指该专业会开设专业化程度较高的课程，培养专门从事广告业的广告人才。在21世纪初，美国大学中以这两种名称命名的广告学专业最为普遍，占美国所有广告学专业总数的近60%。而以"Specialization""Area""Track""Option""Emphasis""Concentration""Program"命名的广告学专业，其开设的专业化程度较高的广告学专业课程相对较少，基础性的广告课程较多，并且专业方向和就业方向的重心和侧重点呈多元化特征，即培养从事传播学（包括广告方向、公共关系方向、营销方向等）的"泛"广告人才。21世纪初，美国大学中以这些名称命名的广告学专业不是很多，仅占美国所有广告学专业总数的40%左右（表2-2）。

表2-2 2005年美国高校广告学专业的各类命名及各类院校的数量

专业附加名类型	院校数量（单位：所）	所占比例（%）
Major	48	32.6
Sequence	43	29.3
Concentration	16	10.9
Emphasis	13	8.8
Program	12	8.2
Track	8	5.4
Specialization	4	2.7
Option	2	1.4
Area	1	0.7
总计	147	100

资料来源：Billy I. Ross: *Advertising Education: Yesterday-Today-Tomorrow*, Advertising Education Publications, 2006, p.71.

美国大学广告学专业本科阶段的专业课程主要分为专业必修课和专业选修课。由于每所学校广告教育的侧重点各有不同，所以，对于必修课和选修课的设置也不尽相同。

1. 以"Major"与"Sequence"命名的广告学专业的课程情况

如表 2-2 所示,用"Major"和"Sequence"命名的广告学专业的院校数量排前二,前者有 48 所,后者有 43 所,两者占美国 2005 年所设广告学专业大学总数 147 所的 61.9%。

一般来说,以"Major"命名的广告学专业表示它大量集中地开设非常专业的广告课程,以培养专门从事广告业的广告人才,其通常授予该专业的学生冠以"广告"之名的学士学位。以"Sequence"命名的广告学专业通常表示它提供的广告教育立足于新闻传播学科,它开设的课程大部分是与广告有关的、具有宽广的人文背景,要求扎实的写作基础,系统性强的"泛"系列课程。专业的广告课程通常比以"Major"命名的广告学专业要少些,一般是 4—5 门。

在上述 48 个以"Major"命名的广告学专业中,有 44 个设在新闻/传播学院,有 4 个设在商学院;43 个以"Sequence"命名的广告学专业全部都设在新闻传播学院,其中,有 4 个是广告/公关专业,其余 39 个都是纯广告学专业。

另外,在用"Major"与"Sequence"命名的广告学专业中,其自身的具体名称也各有不同,如扬斯敦州立大学的广告学专业名称为广告艺术(Advertising Art)专业,西密歇根大学的广告学专业名称为广告与促销(Advertising and Promotion)专业,纽约市立大学的广告学专业名称为广告与营销传播(Advertising and Marketing Communications)专业,西北大学的广告学专业名称为整合营销传播(Integrated Marketing Communication)专业。此外,还有名为公共传播、传播整合战略、广告与公关、营销传播的专业,不同的专业名称代表专业培养的不同侧重点和不同特色方向。

在以"Major"命名的广告学专业中,学生要拿到相应的学位,其总学分的 1/5 或 1/4 必须为广告(或广告与公关)的专业核心课程。以伊利诺伊大学(其专业的命名为"Major"类)的广告学专业为例,其必修的广告学专业课程共 7 门,其中包括必修课程 2 门,即广告概论(Introduction to

Advertising)、广告研究方法(Advertising Research Methods);另外,还要从下列8门课程中至少修够5门:消费者沟通(Consumer Communications and the Public)、经典活动(Classic Campaigns)、广告史(Advertising History)、创意策略与方法(Creative Strategy and Tactics)、受众分析(Audience Analysis)、广告管理(Advertising Management)、广告中的社会与时尚(Social and Cult Context of Advertising)、消费者说服(Persuasion Consumer Response)①。

在以"Sequence"命名的广告学专业中,学生必修4—5门广告核心课程。以北卡罗来纳州立大学的广告学专业为例,其必修的广告学专业课程共有5门,其中包括必修课程3门,即广告原理(Principles of Advertising)、广告媒介(Advertising Media)、广告文案与传播(Advertising Copy & Communication);另外,还要在下列7门课程中至少选修2门:广告活动(Advertising Campaigns)、体育广告与营销(Sports Marketing & Advertising)、市场营销(Concepts of Marketing)、高级文案写作(Advanced Copy)、媒介营销(Media Marketing)、广告与公关研究(Advertising & Public Relations Research)、广告专题(Special Topics in Advertising)②。

2. 其他命名类型的广告学专业的课程情况

以"Concentration""Emphasis""Program"命名的广告学专业的院校分别有16所、13所、12所;以"Track""Specialization""Option""Area"命名的广告学专业的院校分别有8所、4所、2所和1所。上述高校总共为56所,占美国2005年设置广告学专业的大学总数147所的38.1%。其中,以"Area""Option"命名的大学数量排倒数第一、倒数第二,分别为1所与2所。

这类广告学专业主要与广告学和广告/公关有关。以加利福尼亚州立大学设在大众传播学系以"Concentration"命名的广告学专业(2005年

---

① 参见伊利诺伊大学网站:https://www.uillinois.edu。
② 参见北卡罗来纳州立大学网站:https://www.tiaa.org/public/tcm/unc/home。

时美国共有 16 个以此命名的广告学专业）为例，该专业的学生必须修读 8 门专业课，其中包括必修课程 6 门：广告原理（Principles of Advertising）、广告文案（Writing for Advertising）、广告媒体（Advertising Media）、广告创意战略与执行（Advertising Creative Strategy & Execution）、广告活动（Advertising Campaigns）、大众传媒实习（Mass Media Internship）；另外，还要从以下 6 门课程中选择 2 门：公共关系原理（Principles of Public Relations）、广告的当前问题（Current Issues in Advertising）、广告传播管理（Advertising Communications Management）、广告的媒体战略与战术（Advertising Media Strategy & Tactics）、广告创意战略与执行Ⅱ（Advertising Creative Strategy & ExecutionⅡ）、互联网广告与营销传播（Internet Advertising & Promotional Communications）[①]。

综观上述广告学专业设置的本科课程，可见美国大学的广告学专业一般较为普遍开设的本科专业课程（必修和选修）主要有下列 20 门：广告概论或广告原理、公共关系或广告与公关、广告史、研究方法、广告心理学、创意战略、广告文案写作、广告设计、广告媒介计划与战略、广告效果、品牌推广、广告管理、广告宣传活动、受众/消费者研究、整合营销传播、广告代理、大众传播法、广告与社会文化、会计学、营销学。

若再深入考察，就会发现美国大学的广告课程普遍注重学生的实际动手能力。比如，广告管理这一课程就要求学生在学习广告管理方法之余，还要为一名真正的广告客户策划并设计整套广告方案。有时候，选修这门课程的同学会分为几个小组，每个组"成立"一家广告公司，为客户提供全面的市场调查、创作、媒介策划服务；有时候，几个小组同时为同一客户设计广告，在未向客户提出方案前，先在校内进行评比和竞赛，由系里三名教授评选出最佳小组，胜者可以在客户面前介绍自己的广告计划，客户则出资若干，帮助学生实施他们的广告计划。另外，学

[①] Billy I. Ross, *Advertising Education: Yesterday-Today-Tomorrow*, Advertising Education Publications, 2006, p.74.

院鼓励学生积极参加一年一度的由美国广告协会举办的学生广告大赛。该项比赛先分地区进行，地区获胜者之间再赛，直至最后争夺全国冠军。通常，学校会派出一名经验丰富的教师专职指导学生参赛，学生则十分积极并热衷于这种比赛。这是由于美国的广告业竞争激烈，学生多参加各类广告比赛对他们将来找到一个理想的工作有利。

综述，我们可以归纳出美国大学广告本科教育课程设置的七个特点。

第一，课程涉及现代广告运作过程的每一个环节，如广告原理、广告创意、广告设计、媒介推广等，内容十分广泛。

第二，在课程的时间安排及对课程的选择上，学生的自由度很大。他们可以根据自己的需求和爱好选择自己要上的课，专业必修课也有多种选择，而且大部分课程在几个学期内均会重复开设，以适应不同学生的学习计划。

第三，课程设置非常注重学生对其所学专业的深入了解和综合应用。例如，一些专业核心课的课程名称很笼统（如广告研究、广告宣传活动等），但它们的知识覆盖面很广，学生能够积累较为广博的见闻。

第四，课程安排有层次，尤其注重教育与学习的循序渐进。尽管课程类别多样，但并非每门课对任何水平的学生都是适合的。所以，除了专业基础课（核心课程），很多课程都不设门槛，即不规定选修该课程的学生必须具备某一方面的基本条件或先修一些必要课程。

第五，非常注重学生学习的积极性与参与性，所有课程均要求老师与学生之间有更多的互动和双向沟通，主题讨论的上课方式几乎是每门课程都会采用的形式，目的是培养广告学专业学生的独立思考能力和多向沟通能力。

第六，实习课在整个教学中占有很大比例，目的是鼓励学生在实践中运用所学知识来锻炼自己的实操能力。

第七，每门课程的考核标准均由任课老师设定，考核内容一般包括出勤率、上课表现、课前阅读、实践成果、考试成绩几个方面,绝大部分老师对出勤率和课前阅读的要求都相当严格。

(二) 研究生教育目标与课程要求

研究生教育是美国大学教育的核心部分,具有极强的专业性。密苏里大学新闻学院于1921年首先开设广告学研究生课程。两年后,纽约大学商学院也开设了广告学研究生课程。1924年,堪萨斯大学开设了广告学研究生课程。在20世纪30年代,佐治亚大学、俄克拉何马大学、俄勒冈大学开设了广告学研究生课程;至40年代,美国有16所大学开设广告学研究生课程;到50年代,美国有27所大学开设广告学研究生课程;到60年代,美国已有34所大学开设广告学研究生课程[①]。

从1921年密苏里大学新闻学院开设美国高校的第一个广告学研究生项目至今,能够提供广告学专业硕士、博士学位教育的美国大学数量一直在不断增加。到2017年,美国有硕士研究生教育学位点的大学总数已达到59所,博士研究生教育学位点的大学总数达到24所(表2-3)。

表2-3 美国大学广告学专业硕士/博士研究生教育学位点的增长情况(单位:个)

时间	硕士学位点数量 新闻/传播院系	硕士学位点数量 商业/营销院系	博士学位点数量 新闻/传播院系	博士学位点数量 商业/营销院系	总计
1970	21	14	10	5	50
1980	31	4	13	2	50
1990	36	3	18	1	58
2005	42	1	19	1	63
2008	57	1	21	1	80
2017	58	1	23	1	83

资料来源:笔者根据 Billy I. Ross: *Advertising Education: Yesterday-Today-Tomorrow*, Advertising Education Publications, 2006, P83;Billy I. Ross, Jef I. Richards, *Where Shall I Go to Study Advertising and Public Relations?* 2017, Advertising Education Publications, 2017;以及相关网络数据统计而成。

---

① 赖建都:《台湾广告教育:回顾与前瞻》,台湾高雄复文图书出版社2007年版,第11页。

1. 硕士学位的文理科现象

至 2017 年,美国开设广告学专业的高校共有 170 所,其中有 59 所大学的广告学专业具有硕士学位授予权(表 2-4)。

表 2-4　2017 年美国设置广告学专业(方向)硕士学位的 59 所大学一览表

	大学名称	所在院系
1	阿拉巴马大学	广告与公关系(Department of Advertising and Public Relations)
2	阿肯色大学	富布莱特艺术与科学学院(Fulbright College of Arts and Sciences)
3	南加利福尼亚大学	安娜伯格传播与新闻学院(Annenberg School for Communication and Journalism)
4	科罗拉多大学博尔德分校	广告、公关与媒介设计系(Department of Advertising, Public Relations and Media Design)
5	哈特福德大学	传播学院(School of Communication)
6	佛罗里达国际大学	新闻与大众传播学院(School of Journalism and Mass Communication)
7	中佛罗里达大学	尼科尔森传播与媒介学院(Nicholson School of Communication and Media)
8	佛罗里达大学	新闻与传播学院(College of Journalism and Communication)
9	南佛罗里达大学	大众传播学院(School of Mass Communications)
10	布莱诺大学	商业与传播学院(College of Business and Communication)
11	佐治亚大学	格雷迪新闻与传播学院(Grady College of Journalism and Communication)
12	德保罗大学	传播学院(College of Communication)
13	芝加哥洛约拉大学	传播学院(School of Communication)
14	西北大学	新闻、媒介、融合市场传播学院(School of Journalism, Media, Integrated Marketing Communications)

(续表)

	大学名称	所在院系
15	罗斯福大学	艺术与科学学院(College of Arts and Sciences)
16	南伊利诺伊大学	新闻学院(School of Journalism)
17	伊利诺伊大学厄巴纳-香槟分校	传媒学院(College of Media)
18	海斯堡州立大学	传播研究系(Department of Communication Studies)
19	堪萨斯州立大学	传播研究系(Department of Communication Studies)
20	堪萨斯大学	威廉·艾伦·怀特新闻与大众传播学院(William Allen White School of Journalism and Mass Communications)
21	路易斯安那州立大学	曼希普大众传播学院(Manship School of Mass Communication)
22	波士顿大学	传播学院(College of Communication)
23	爱默生学院	传播研究系(Department of Communication Studies)
24	萨福克大学	广告、公关与媒介系(Department of Advertising, Public Relations and Social Media)
25	密歇根州立大学	广告与公关系(Department of Advertising & Public Relations)
26	圣克劳德州立大学	大众传播系(Department of Mass Communications)
27	明尼苏达大学	新闻与大众传播学院(School of Journalism and Mass Communication)
28	南密西西比大学	大众传播与新闻学院(School of Mass Communication & Journalism)
29	密苏里大学哥伦比亚分校	战略传播系(Department of Strategic Communication)
30	韦伯斯特大学	传播学院(School of Communications)
31	内布拉斯加大学林肯分校	新闻与大众传播学院(College of Journalism and Mass Communications)

(续表)

	大学名称	所在院系
32	罗文大学	传播与创意艺术学院(College of Communication & Creative Arts)
33	纽约市立大学	杰克林商学院(Zicklin School of Business)
34	纽约州立大学布法罗分校	传播系(Communication Department)
35	雪城大学	S. I. 纽豪斯公共传播学院(S. I. Newhouse School of Public Communications)
36	北卡罗来纳大学	哈斯曼新闻与媒介学院(Hussman School of Journalism and Media)
37	北达科他大学	传播系(Department of Communication)
38	俄亥俄大学	E. W. 斯克里普斯新闻学院(E. W. Scripps School of Journalism)
39	俄克拉何马州立大学	媒介与战略传播学院(School of Media & Strategic Communications)
40	俄克拉何马大学	盖洛德新闻与大众传媒学院(Gaylord College of Journalism and Mass Communication)
41	俄勒冈大学	新闻与传播学院(School of Journalism and Communication)
42	博恩特帕克大学	传播学院(School of Communication)
43	南卡罗来纳大学	新闻与大众传播学院(School of Journalism and Mass Communications)
44	南达科他州立大学	新闻与大众传播系(Department of Journalism and Mass Communication)
45	东田纳西州立大学	大众传播系(Department of Mass Communication)
46	孟菲斯大学	新闻与战略媒介系(Department of Journalism and Strategic Media)
47	田纳西大学	传播与信息学院(College of Communication and Information)
48	得克萨斯克里斯汀大学	鲍勃·希弗传播学院(Bob Schieffer College of Communication)

(续表)

	大学名称	所在院系
49	得克萨斯理工大学	媒介与传播学院(College of Media & Communication)
50	得克萨斯大学奥斯汀分校	斯坦·理查兹广告与公关学院(Stan Richards School of Advertising & Public Relations)
51	北得克萨斯大学	新闻学院(School of Journalism)
52	莫瑞州立大学	传播学院(School of Communication)
53	杨百翰大学	传播学院(School of Communications)
54	利伯缇大学	传播研究系(Department of Communication Studies)
55	瑞德福大学	传播学院(School of Communication)
56	弗吉尼亚联邦大学	媒介与文化学院(School of Media and Culture)
57	马歇尔大学	新闻与大众传播学院(School of Journalism and Mass Communications)
58	马凯特大学	传播学院(College of Communication)
59	威斯康星大学	新闻与大众传播学院(School of Journalism and Mass Communication)

由于美国许多大学的新闻学院(系)、商学院(系)和营销学院(系)均设有广告学专业,所以颁发的往往不是新闻/传播类的学位证书,但其课程及硕士或博士论文却都必须以广告学为主旨内容。根据2017年的数据,在美国59所大学提供的61个广告学方向的硕士学位点中,有两所大学分别同时提供文理两种硕士学位:莫瑞州立大学提供文学硕士学位和理学硕士学位,北得克萨斯大学提供文学硕士学位和新闻学硕士学位。除此之外,有16所大学的广告学方向硕士学位点提供文学硕士学位,7个学位点提供理学硕士学位,另有16个广告学方向的硕士学位点提供广告/公关学硕士学位(表2-5)。

表2-5 美国广告学专业硕士所授学位的不同名称(以美国10所大学为例)

	大学名称	所授广告硕士学位的名称
1	路易斯安那州立大学	大众传播(Mass Communication)
2	马歇尔大学	新闻学(Journalism,文学学位)
3	阿肯色大学	传播学(Communication)
4	佛罗里达国际大学	整合传播(Integrated Communication,理学学位)
5	罗斯福大学	整合营销传播(Integrated Marketing Communication,理学学位)
6	东田纳西州立大学	品牌与广告管理(Advertising Management,理学学位)
7	西北大学	整合营销传播(Integrated Marketing Communication,理学学位)
8	堪萨斯大学	传播战略(Strategic Communication,理学学位)
9	纽约市立大学	商业/营销学(Business)
10	得克萨斯大学奥斯汀分校	广告与公关学(Advertising & Public Relations)

2. 硕士学位课程要求

硕士学位的文理科现象显示出该校广告学专业的细分方向,并对应着不同的培养要求。在新闻或大众传播学科名义下的广告学硕士研究生教育一般有四部分课程内容:新闻或大众传播学专业的核心课程、广告学专业的必修课程、相关的选修课程和毕业实习环节(包括论文答辩)。这些课程需要学生在两年的时间内完成;有的大学规定,学生在本科阶段学过的某些课程可以免修,这样,学生可以在一至两年半的时间内完成学业。例如,佐治亚大学硕士课程的核心课程有两门,即大众传播研究、大众传播研究方法,专业课程有3门,即广告和传播管理、广告媒体计划、广告与公共关系研究;每门课均为3个学分,其他还有选修课程和毕业论文等,每位硕士生通常应修满27个学分的课程。

专业的广告学硕士研究生的教育是另一种培养模式,即以广告学而非大众传播学的课程为核心展开的。例如,马凯特大学的广告学硕士生被要求修满 22 门课的 35 个学分。其中,1/2 的课程必须是广告学专业课程,目的是尽可能地教授学生广告领域的专业知识;另有 1/3 的课程是在传播学院里选择,以使学生获得广告业必要的沟通技巧;另外,学生还要在管理学院和公共事务学院各修一门课程。

很多学校的硕士研究生教育有两个方向,即学术(Academic,理论)方向和职业(Professional,应用)方向。这是为适应不同需要的学生设计的。选择前者的学生一般在毕业后将继续攻读博士学位,然后从事教学和研究工作;选择后者的学生一般在毕业后就业。因此,两者在教学内容上有所不同:前者侧重于理论研究,要求学生提交毕业论文并答辩;后者注重实践,学生毕业时可以提交一个自己设计完成的项目报告,且不需要论文答辩。

3. 硕士研究生的招生与录取

美国大学对广告学硕士研究生的教育目标与定位非常清晰和明确,其招生具有以下两个特点。

首先,不鼓励本科生一毕业就来读研究生,而是希望他们在广告公司或相关领域工作一段时间,积累一定经验、对这个行业有一些认知后再来报考。比如,西北大学不直接招本科生,北卡罗来纳大学新闻与媒介学院广告方向的硕士生平均入学年龄为 27 岁,博士生为 40 岁;其他学校虽然没有这样严格的限制,但在录取学生时,常限制本科刚毕业学生的录取名额。

其次,一般不太重视考生的专业背景,有些学生本科所学专业可能与广告毫无关系,但只要在他们进入研究生阶段的学习后选修一定数量的本科专业课程就可以了。当然,各所大学都有不同的培养侧重点,对考生的专业背景也有自己的个性考虑和要求。以雪城大学为例,其广告学专业方向的侧重点是广告管理,因此,该校硕士研究生的招生有以下几方面的考量:①广告学专业毕业,在广告领域工作若干年后觉得自己以前学的知识已经跟不上这个行业发展的人;②所学的专业和已有的工作经验与现在的工作环境相距甚远的人;③一个外国人想进入美国的广告行业,而对美国的广告不是很熟悉的人①。同时,雪城大学的广告学专业还提醒考生,他们为期一年的研究生(硕士)教育旨在培养学生工作能力,毕业后与该校的本科生一起参与求职的竞争。

美国大学硕士研究生的录取是由各专业的导师决定的,因此,对于申请者来说,提供本科成绩、推荐信和个人陈述是让导师了解、评判学生水平的重要依据。个性化的入学申请材料已日益成为申请者打开美国知名大学和知名广告学专业之门的金钥匙。

4. 博士学位

截至2017年,美国提供广告博士学位的大学有24所(2008年为22所)。其中,只有得克萨斯大学奥斯汀分校能够提供广告学博士学位,纽约市立大学提供的是商业/营销学广告方向的博士学位,密歇根州立大学授予的是大众传播学方向的博士学位,其他21所大学的广告博士学位都设在一个较为宽泛的广告学专业方向下,授予的是新闻/大众传播学广告方向的博士学位。具有新闻/大众传播学广告方向、大众传播学广告方向、广告学、商业/营销学广告方向的博士学位的24所大学见表2-6。

表2-6 2017年美国设有广告学专业(方向)博士学位的24所大学②

	大学名称	博士学位名称
1	阿拉巴马大学	新闻/大众传播学
2	中佛罗里达大学	新闻/大众传播学
3	佛罗里达大学	新闻/大众传播学
4	南佛罗里达大学	新闻/大众传播学

---

① 参见雪城大学网站:https://www.syracuse.edu。
② 参见 Billy I. Ross, Jef I. Richards, *Where Shall I Go to Study Advertising and Public Relations? 2017*, Advertising Education Publications, 2017。

(续表)

	大学名称	博士学位名称
5	佐治亚大学	新闻/大众传播学
6	南伊利诺伊大学	新闻/大众传播学
7	伊利诺伊大学厄巴纳-香槟分校	新闻/大众传播学
8	路易斯安那州立大学	新闻/大众传播学
9	密歇根州立大学	大众传播学
10	明尼苏达大学	新闻/大众传播学
11	南密西西比大学	新闻/大众传播学
12	密苏里大学哥伦比亚分校	新闻/大众传播学
13	纽约市立大学	商业/营销学
14	雪城大学	新闻/大众传播学
15	北卡罗来纳大学	新闻/大众传播学
16	北达科他大学	新闻/大众传播学
17	俄亥俄大学	新闻/大众传播学
18	俄克拉何马大学	新闻/大众传播学
19	俄勒冈大学	新闻/大众传播学
20	南卡罗来纳大学	新闻/大众传播学
21	田纳西大学	新闻/大众传播学
22	得克萨斯理工大学	新闻/大众传播学
23	得克萨斯大学奥斯汀分校	广告学
24	威斯康星大学	新闻/大众传播学

5. 博士学位课程要求

美国大学广告学方向的博士学位研究生的教育目标非常清晰和明确,即为广告教育界和广告业界(包括公司、政府和其他研究机构)培养广告研究型高级人才[①]。不过,美国学界对上述博士研究生的培养目标

---

① 赵心树、杜英:《国外广告专业现状和发展趋势——美国高校广告专业发展现状》,《现代广告》2005 年第 9 期,第 33—34 页。

至今还有一些争议。由于获得博士学位的研究生绝大多数是在大学任教,所以有少数人主张博士教育应以教学法教育为主,应将博士生培养成出色的广告学教育家。但是,大多数资深教授认为,教学法应该通过任课后的实践加以提高,教学生涯的成功与否主要还在于学生的研究能力(特别是分析能力),所以,博士生在校期间应该系统地学习研究方法和思维方法,需要不断地提高自己的研究能力[①]。

美国大学的博士阶段一般在博士学位的名称(大项)之下不再细分小项,所以通常没有正式的广告学博士(除得克萨斯大学奥斯汀分校外),而只有新闻/传播学博士或其他专业名称较为宽泛的博士头衔。但是,博士生的专业兴趣通常都规划得很详细,这种兴趣会体现在学生所选的导师(美国大学的博士生大都是在入学后半年或一年内选导师)、所选的课程、所做的研究、参加的不同学术会议,特别是博士论文的选题等方面,从而自然而然地被认为这种博士是"搞广告的""搞公关的""搞政治传播的"等[②]。

下面以美国在广告教育方面享有盛誉的密歇根州立大学和得克萨斯大学奥斯汀分校博士研究生教育的课程和要求为例,对美国大学广告学方向的博士学位课程加以了解。

要获得密歇根州立大学的大众传播学博士学位,学生必须至少完成下列 14—16 门课程。①必修核心课程 6 门:媒介理论(Media Theory)、定量研究设计(Quantitative Research Design)、媒介法律与公共法则(Law and Public Policy of the Media)、定性研究方法(Qualitative Research Methods)、媒介技术(Media and Technology)、媒介经济学(Media Economics)。②特定领域研究课程:学生根据自己的兴趣从学生指导委员会所列的课程中选择 5—6 门。③研究方法课程:从学生指导委员会

[①] 赵心树、杜英:《国外广告专业现状和发展趋势——美国高校广告专业发展现状》,《现代广告》2005 年第 9 期,第 33—34 页。
[②] 同上。

所列的课程中选择 3—4 门。

另外还有：①额外课程报告，即学生必须至少参加一次博士生研究讨论会，每学期的博士生研究讨论会都有不同的主题；②学生必须在第二学年完成一次不计学分的研究实习；③学生的博士毕业论文答辩要在五年内通过，最长可延至八年。

得克萨斯大学奥斯汀分校的广告系拥有全美也是全世界最著名的广告学专业，也是全美唯一有权颁授广告学博士学位的大学。博士研究生的学习包括课程论文、论文答辩、独立的学术研究成果（论文、报告等）。博士研究生教育是全职攻读，每年5月举行博士研究生招生考试。虽然学校对于学生应在多长时间内完成博士学位课程没有严格的时间限制，但大部分博士生都会在每年完成18—24个学分，花费大约9—12个月的时间来撰写学位论文。

除了完成规定的课程论文外，博士生还必须：参加博士生学习计划要求的每个相关领域的写作与口语考试；提交论文开题报告，并获得学位论文委员会通过；在论文指导教授的引导下完成论文；在论文委员会（至少5位教师参加）前通过口头答辩。

博士生答辩前需要完成的4门规定课程是广告战略理论（Strategic Advertising Principles）、媒介管理学（Media Management）、市场营销基础（Foundations of Marketing）、统计学（A Statistics Course）①。

总结而言，美国大学广告学专业的课程设置是其近百年来广告教育的实践积淀与经验总结，具有科学性与可实践性。美国高校广告教育的课程体系在世界广告教育史上具有重要地位，也成为近年来许多国家的大学广告学专业课程规划和设置的参考范本。

但是，美国大学广告学专业的课程设置和教学方法受到传播学的深

---

① 参见得克萨斯大学奥斯汀分校斯坦·理查兹广告与公关学院博士生手册，http://advertising.utexas.edu；Billy I. Ross, *Advertising Education: Yesterday-Today-Tomorrow*, Advertising Education Publications, 2006, p.92.

刻影响,没有在广告学自身的理论基础上展开更加深入的探讨与研究。究其原因,一是许多学校本身对广告学专业的目标定位还有争议,即究竟是将广告学专业办成职业培训的基地,还是朝学术理论型方向发展;二是优秀的师资明显不足,即在校的教师中有相当一部分人没有广告行业的实践经验,而有实践经验的专业人员又没有相应的学历去教授大学课程。这在某种程度上制约了美国广告教育的发展。

二、英国大学广告学专业的课程设置

英国大学本科教育的体系、学制、学期及招生等情况与中国、美国都有较大的不同。

一是英国有两种教育体系:一种是英格兰、威尔士和北爱尔兰教育体系,其大学本科学制为三年;另一种是苏格兰教育体系,其大学本科学制为四年①。两者有所不同又相互兼容②。

二是英国大学的学制较短,在一般的情况下,学士学位的课程大多只需要 3 年时间就可读完,硕士学位的课程只要 1—2 年时间。在其他绝大多数国家(如中国和美国),则分别需要 4 年(本科)和 3 年(硕士)。③

三是英国大学的学期将一年分为三学期(制),学年由秋季的 9—10 月开始,至第二年夏季的 6—7 月结束。第三学期的开学时间分别为 9—10 月、1 月和 4 月。

四是英国大学的招生主要依据教师对学生预计成绩的判断。

(一) 英国高校本科广告学专业的教学安排与课程设置

英国本科广告学专业的教学安排与课程设置是在上述英国大学教

---

① 关于苏格兰的教育体制,详见英国驻华大使馆文化教育处:《英国留学指南·2007》,中国大百科全书出版社 2007 年版,第 26—27 页。
② 英国驻华大使馆文化教育处:《英国留学指南·2007》,中国大百科全书出版社 2007 年版,第 14 页。
③ 同上书,第 15 页。

育体制的大背景下运作的。根据英国大学的学制,英国高校本科广告学专业基本上实行三年制的学习课程:第一学年(Level 1)开设广告学原理之类的基础课程;第二学年(Level 2)开设广告实务方面的应用课程及实习;第三学年(Level 3)开设广告方向的综合课程,并要求学生准备毕业论文。

在课程的具体安排与内容分配上,英国的大学通常都认为广告是一门应用性非常强的专业,所以诸多大学都为学生提供了丰富的广告学专业知识和基本技能方面的课程。

以建校于1839年且在英格兰地区开设广告课程(本科)最多的切斯特大学的广告学专业为例,其专业课程设置的目标与具体课程如下。

在第一学年,根据该校的广告教育目标,它认为广告学专业第一学年的三学期课程非常重要,因为通过该学年三学期基础课程的学习,学生将深刻理解广告学专业的内涵,开阔视野,获得全新的学习体验。尤其是在课程的具体教学中,学生将充分学习和理解解决问题的方法。因此,广告学专业第一学年的课程应该是"宽口径、厚基础"的,应在课程内容所涉范围内尽可能多地给学生以入门指导。

由此,切斯特大学广告学专业第一学年开设的专业课程有7门,即广告原理、多媒体制作、广告文案、视觉传达、广告创意、广告和社会、电子商务设计。这7门课基本上是一些原理类的基础课程,目的是为学生第二年的专业教学打下厚实的基础。

对于第二学年的教学目标,该校的教学计划涉及三个方面。第一,学生将专注于所选专业领域,并学习未来从事广告工作所需的应用技能,所以广告创意和解决问题的实用性方案是这一学年课程的重点。第二,除了课堂学习,学生在第二学年还有多项重要的实践活动,如职业(专业)实践,还要在专业讲座、学术讨论和学术研讨会上发言,访问若干家广告代理公司、广告设计公司和后期制作机构。第二学年的其他时间,学生还将与业界接触,有机会实习或进入广告代理公司。第三,切斯特大学与许多欧洲城市建立了多种学生交换项目,例如,二年级的学生可以获取资助,赴巴塞罗那或米兰的广告公司学习。此外,还有一些不提供资助的交换项目,如前往中国或美国等的大学进行学习和交流。

根据上述教育计划,切斯特大学广告学专业第二学年的专业课程有8门:广告战略、多媒体制作、电子商务写作、大众传媒、品牌传播、信息设计、电子媒体运作、印刷设计。这一阶段的课程是在第一学年课程的基础上大量开设广告实务方面的课程。

为了使进入第三学年课程阶段的学生更加自信并懂得把握自身前进的方向,学校认为这段时间是学生探索个人兴趣的时机。因此,除了开设广告符号论、媒体计划、公众分析、广告管理等课程外,还推动学生进行专业实习、准备毕业论文,即除了在公司实习,参加作品评论和国际广告奖项大赛,以及完成一个非常重要的毕业课程设计项目外,还必须在2月份提交一篇8000字的毕业论文[①]。

英格兰的中央兰开夏大学广告学专业的课程设置情况[②]与切斯特大学的情况差不多(表2-7)。

表2-7 中央兰开夏大学的本科广告学专业课程

第一学年	第二学年	第三学年
广告学导论	产品学	高级项目
创意思考	广告战略	外部专案
广告史研究	当代广告研究	广告写作
选修课程模块	选修课程模块	广告研究——未来设计

需要特别指出的是,英国大学在上课方式上基本上实行小班制(20人左右),学生因而有更多的机会与教师进行双向交流,并得到老师的直接指导和帮助。

---

① 切斯特大学广告学专业的课程设置情况见:https://www.chester.ac.uk。
② 中央兰开夏大学广告学专业课程设置情况参见:https://www.uclan.ac.uk。

除了三年制的广告主干课程,英国诸多高校的广告类课程中还设有公司传播、人际沟通训练、公共关系前沿等课程,具体包括事件管理、危机处理、内部传播、公共事务、小区关系广告、财经传播、政治游说等内容,这对学生在毕业后从事广告工作大有裨益。"一些英国高校还为学生提供出国的机会(为期一年),主要是到澳大利亚、加拿大、美国的有关合作机构访问与学习,帮助学生了解其他国家的历史、经济、文化和社会。英国把学生的文凭考试和学生将来所要从事的职业证书考试相结合,学生修完学分后还可以获得相应的广告学专业职业资格证书,这样做既省钱又省力。"①

切斯特大学、中央兰开夏大学广告学专业的课程设置情况基本上反映了英国高校广告学专业课程设置的基本内容。同时,其课程名称既反映了英国大学的广告学专业课程具有多样性和灵活性,也反映了英国广告学专业的教学内容不断变化的趋势,更折射了英国广告学专业课程设置的指导思想——帮助学生循序渐进地学习专业知识,使学生能够在紧凑、紧张的专业学习中全面地发展自我。

(二)英国高校本科广告教育中的特色教育课程

英国高校除了要求广告学专业的学生具备一些基本素质与基本技能,还要求学生具有对各种商业广告的兴趣、热情、表达与制作能力以及合作意识,并能深入了解广告产品和现代媒体的最新技术。英国几乎每所大学的广告学专业都强调学生要富有诚信品质、创新意识、多向思维和团队精神,这是培养每个学生成为一名合格的广告人所必备的综合素养。

为此,在英国还有一种为少数大学开设的"三明治"课程和"组合优等"学位模式课程,这是英国广告教育中的特色教育课程。

---

① 高运峰:《英国大学广告教育模式》,《现代广告》2005 年第 9 期,第 37 页。

1. "三明治"课程

英国的大学为使学生在攻读学位期间获得广告实务方面的体验和基本实践能力而专门设计了"三明治"课程,其在英国本科教育中已有数十年的历史。广告类的"三明治"课程为少数学校所开设,谢菲尔德哈勒姆大学是开设"三明治"本科课程最多的英国高校,由学习时间和与课程相关的实习时间两部分构成,课程通常持续四年(正常为三年)。学生的工作实习可以一次性达到一年时间,也可以分为两次,每次六个月的时间(合计一年)。无论是哪种情况,学生都要回到大学完成最后一年的学习和毕业论文。这种方法可以使学生在攻读学位期间积累相关的工作经验,毕业时不仅获得学历证书,还具有一定的实际工作能力。该校早期的统计显示,90%以上的本科生在"三明治"课程中通过应聘得到了实习机会,不仅获得了平均为 800—1200 镑的实习月薪,最重要的是,还在毕业前就积累了一年的专业工作经验[①]。

广告学专业的实习通常安排在第二、三学年之间,实习单位主要是广告公司、研究公司、媒体、公司营销部门等。各学院一般有专门的实习办公室为学生提供以往的实习公司名录、注意事项等方面的帮助。例如,格鲁斯特大学的艺术、媒体与设计学院与业界保持着良好关系,作为合作伙伴的伦敦著名广告公司为该学院的学生提供了大量的实习与工作机会,如灵狮、BBDO、奥美等。伯恩茅斯大学的媒介学院是英国较大的公共传播实践培训基地之一,与著名的广告公司和跨国企业建有良好的合作关系,包括星传媒体(阳狮)、盛世、奥美、欧莱雅、麦当劳等,为学生提供大量的实习机会[②]。

2. "组合优等"学位模式

"组合优等"(combined honour)学位模式是英国部分大学开设的另一类特色教育。从英国教育官方网站上可以查到切斯特大学开设的课

---

① 高运峰:《英国大学广告教育模式》,《现代广告》2005 年第 9 期,第 37 页。
② 同上。

程项目中涉及广告的有 40 门。这一数量远超其他大学所开的广告课程的数量，其原因是切斯特大学设置的"组合优等"学位非常多，除了一门纯广告学专业的课程，其他 39 门都属于"组合优等"学位的学习内容：广告和商业音乐制作（Advertising and Commercial Music Production）、广告与新闻（Advertising and Journalism）、广告与管理（Advertising and Management）、广告与媒体研究（Advertising and Media Studies）、广告与广播制作（Advertising and Radio Production）、广告与体育发展（Advertising and Sport Development）、广告与电视制作（Advertising and TV Production）、商业广告（Advertising with Business）、电影广告研究（Advertising with Film Studies）、广告图形设计（Advertising with Graphic Design）、新闻广告（Advertising with Journalism）、广告管理（Advertising with Management）、广告与营销（Advertising with Marketing）、广告与媒体研究（Advertising with Media Studies）、多媒体广告技术（Advertising with Multimedia Technologies）、广告选择（Advertising with Options）、广告选择-商业音乐制作（Advertising with Options-Commercial Music Production）、广告选择-广播制作（Advertising with Options-Radio Production）、广告选择-电视制作（Advertising with Options-TV Production）、广告与公共关系（Advertising with Public Relations）、广告与体育发展（Advertising with Sport Development）、商业与广告（Business and Advertising）、商业广告（Business with Advertising）、商业音乐制作与广告（Commercial Music Production with Options-Advertising）、电影研究与广告（Film Studies and Advertising）、电影广告研究（Film Studies with Advertising）、图形设计与广告（Graphic Design and Advertising）、广告图形设计（Graphic Design with Advertising）、新闻与广告（Journalism with Advertising）、广告管理（Management with Advertising）、市场与广告（Marketing and Advertising）、广告市场（Marketing with Advertising）、媒体研究与广告（Media Studies with Options-Advertising）、多媒体技术与

广告（Multimedia Technologies with Options-Advertising）、公共关系与广告（Public Relations and Advertising）、广告与公共关系（Public Relations with Advertising）、广播制作与广告（Radio Production with Options-Advertising）、体育发展与广告（Sport Development with Advertising）、电视制作与广告（TV Production with Options-Advertising）。这一学位模式将广告学专业与其他相关专业结合，学生在三年时间内完成广告学专业和一个与广告学相关专业的学习，即可获得"组合优等"学位。这一模式类似于我国大学中的双学位制；不同之处在于，这里的"组合优等"学位是广告学专业与广告相关专业的组合，国内的双学位（第二学位）通常可以任选其他专业，不一定要与其第一学位的专业有关。

（三）广告教育的师资与业界联系密切

英国大学广告学专业的师资主要来自从事广告学术研究或曾在广告公司从事广告工作的骨干和精英，他们中的大部分通常始终与广告业界有密切联系，尤其是来自广告业务领域的教师一般都拥有多年的从业经历，有的人还是英国市场营销协会或公共关系协会的高级专家。另外，英国许多大学的广告学专业经常会邀请业内资深专家在校内开设广告实务讲座，为学生提供业内的最新动态和将来学生就业规划等方面有价值的忠告和建议。

（四）英国高校广告学专业硕士研究生的课程设置

由于英国高校的广告类专业主要开设在商学院、传媒学院和艺术学院，学科之间的跨度较大，而且同一学校经常有两三个学院分别开设与各自专业特质相关的广告学专业或广告课程，再加上英国的硕士研究生学制大都只有一年时间，所以对于广告学专业硕士研究生的课程，许多大学会让学生在一入学时就有一个明确的选择，即让学生一入学就明确自己将来毕业后是准备到广告公司从事广告工作，还是准备继续在高校对广告学展开进一步的研究。这与中国国内硕士生入学后的学习计划和要求有所不同。在英国,如果学生选择前者,在一年的学习期间,他们通常会接触大量的实践机会;如果他们选择后者,学校就会为他们今后攻读博士学位或从事广告研究做好各种学习上的准备。另外,许多学校认为,一名合格的硕士生应具备多方面的理论知识和应用技能,这些知识和技能可以使他们在毕业后有效地开展各项广告业务、解决各类相关问题。其中,最重要的是熟练地运用视觉手段,在广告作品中准确地表达创意。由此,英国大学广告学专业硕士研究生的课程具有以下两方面的特点。

一方面,英国大学硕士研究生的学制一般只有一年,因此各大学都十分注重学生入学前的专业背景,并且会在一年的教学中不断强化硕士生课程的理论知识与业界实务的融合。

以英格兰的新白金汉大学为例。首先,设在视觉与传播艺术学院为期一年的全日制广告学文学硕士学位点非常注重学生来源的多元化。学校认为广告人才不应全部师出同门,不同的学科背景和学习经历能避免"近亲繁殖"。因此,该专业硕士生的招生方向侧重于有创意类专业背景的学生,也倾向于具有其他专业背景(包括理科)或已工作若干年的学生。

其次,该专业硕士学位点的教材均由该校获奖教学团队中有丰富业内实践经验的资深学者编写,并由他们直接给学生授课。

再次,该专业硕士学位点的课程内容一般会要求学生具有国际视野和前瞻意识。因此,该大学的广告学硕士学位课程以广告创意与广告策划为主要内容,其目标是将研究生课程的传统实践优势与前沿学术内容相结合,具体要求是在研究生课程的所有方面都以强烈的创新文化为基础。

最后,该专业硕士学位点的学生在校期间会被要求多与业界接触,深入体验先进的广告创意理念与广告实践。此外,该校广告学专业还与阿姆斯特丹和汉堡的一些大学中的同类专业研究生课程团队进行多向合作，尤其是新白金汉大学的视觉与传播艺术学院还与两所一流的中国大学进行合作。这些合作为广告学专业的硕士生和主讲教师提供了直接体验不同教育文化的机会，尤其是体验现代快速融合的亚洲广告文化的机会[①]。

又如，苏格兰的爱丁堡龙比亚大学设在传播艺术学院的创意广告理学硕士学位点的课程设置，与新白金汉大学广告学文学硕士学位点课程的特点与目标一样，也非常注重新入学学生的专业背景。该校广告学专业硕士研究生的入学要求有两个硬性规定：一是要有荣誉学士学位，二是要具备明显的从业经历。通过初选后的学生，还要参加面试和职业能力的测试，英语水平要求达到雅思成绩7分以上。

除了注重新生的专业背景，该校也十分注重强化学生与业界的联系。在第一学期，为帮助新入学的硕士生理解广告和广告业所需的职业技能，学校与苏格兰的广告从业者协会（IPA）密切合作，将学位课程设计为若干单元课程，其中的许多单元课程是根据具体广告项目来设置的，包括学生在小型团队中的工作、对 IPA 提供的真实广告案例的分析，以及参加一系列高级讲习班等。第二学期中有为期三个月的实习，所有的硕士研究生都将在广告公司承担相关的工作，为未来就业做好实践准备。如果有机会，学生还可以到广告公司独立撰稿，参与从事广告创意方面的实习。

另一方面，尽管英国硕士研究生的学制只有一年，但一些大学仍尽量开设理论与实务课程。由于英国大学硕士研究生的在校时间很短，许多大学仅开设少量的理论讲座，但有些大学还是在有限的时间内强化学生的广告理论与广告实务课程的学习，并设有学分。例如，北爱尔兰的阿尔斯特大学设在传播学院的传播、广告与公共关系理学硕士学位是一年全日制学制，同时招收国际学生和本国学生。申请人须从正规大学毕

---

① 参见新白金汉大学官方网站：http://www.buck.ac.uk。

业,或具备同等学力,或达到阿尔斯特大学认可的相关从业经验,英语要求是雅思 6 分或托福 550 分。其课程与教学的要求是使学生在一年的学习中对传播学、广告学、公共关系学、营销学等领域的有关知识有深刻理解,并具有一定的实操能力。

阿尔斯特大学传播、广告与公共关系理学硕士学位点的教学目标是学生毕业后要达到以下水平:从学术和职业的角度对商业传播核心问题有深刻理解;在各种工作环境中能够展现出有效的传播能力;具备职业竞争力,能够充分运用语言学、公共关系及广告学和营销学的知识;具备团队合作经验;能够从相关资源中获取建议和指导并对其作出适当反应;具备行业所需的知识和技能,能完成研究生阶段的原创性科研,并对其进行客观评估。

该传播、广告与公共关系理学硕士的学位课程主要包括四门必修课程及第一学期、第二学期的两门(每门 15 个学分)选修课程。在成功完成第一学期和第二学期的研究生学位课程学习后,学生可以进入第三学期的课程,其中包括撰写论文,完成论文后可获得传播、广告与公共关系理学硕士学位。全部课程的评价完全基于学生课程作业的完成情况,学生每学期应完成 60 个学分的课程。

三、日本大学与广告公司的广告讲座、广告培训概况

日本的广告教育主要表现为大学里开设广告讲座和广告公司里实行广告培训这种独树一帜且自成体系的"双轨制"形式。

(一) 日本大学的广告讲座

1. 日本高校中各类广告讲座的基本情况

设有广告学专业的日本高校较少(在 20 世纪 70 年代,日本只有东海大学的文学部设有广告学科),其广告教育主要通过广告讲座的形式进行。日本高校开设广告讲座的历史可追溯至 1962 年小林太三郎在早稻田大学开设的广告论课程。

根据对日本大学本科广告教育的情况调查，自20世纪70年代以来，日本大学的各类广告讲座数量呈迅速上升之势。据统计，1970年日本高校共开设92个广告教育讲座，在1989年达到145个，1991年跃升为1012个，1999年上升为1322个[①]。可见，1970—1999年，日本大学本科广告教育讲座数量增幅巨大，显示出日本高校广告教育的迅猛发展势头。

（1）本科广告讲座

日本高校的各类广告讲座主要由商学、经济学、社会学、设计学等与广告学有关的各专业开设，并以这些学科的学生为主要受众。日本高校的广告讲座主要包括三类：以广告基础理论为主的讲座，以各类广告专题为主的研讨会与实习讲座，与广告学有密切关联的学科的专题讲座。

第一类是以广告基础理论为主的讲座，开设这类讲座的主要是商学、经营学、社会学、艺术学、文学等学部（日本的学部相当于中国的学院），讲座的题目大多与广告论、广告概论、广告与营销、传播学等内容有关，侧重广告的基础理论知识（表2-8）。

表2-8　1991年日本大学中以广告基础理论为主的讲座情况[②]

	大学名称	学部名称	专业名称	讲座名称
1	爱知学院大学	商学部	经营学科	广告论
			商学科	广告论
2	爱知大学	文学部	社会学科	广告论（应用社会学特殊讲义）

[①] 参见［韩］刘鹏卢：《日本广告教育实况调查研究》，《广告学研究》（韩国广告学会主办）1992年第1期，第41页；王润泽：《日本的广告教育》，《国际新闻界》2002年第4期，第76页。

[②] ［韩］刘鹏卢：《日本广告教育实况调查研究》，《广告学研究》（韩国广告学会主办）1992年第1期，第43、45页。

(续表)

	大学名称	学部名称	专业名称	讲座名称
3	青山学院大学	经营学部	经营学科	广告论、广告制作论
4	亚细亚大学	经营学部	经营学科	广告管理论
5	追手门学院大学	经营学部	经营学科	广告论
6	樱美林大学	经营学部	商学科	广告论
7	大阪艺术大学	艺术学部	放送学科	广告概论
8	鹿儿岛经济大学	社会学部	产业社会学科	广报广告论
9	金泽美术工艺大学	美术部	产业设计科	广告艺术指导
10	关西大学	社会学部	社会学科	广告论
		商学部	—	广告学概论
11	关东学院大学	经营学部	经营学科	广告论(前期)
12	学习院大学	经营学部	经营学科	广告论
13	九州产业大学	艺术学部	设计学科	宣传/广告论
		商学部	商学科	广告论
14	金城学院大学	文学部	社会学科	广告社会学
15	庆应义塾大学	环境情报学部	—	广告论、广告史
		商学部	—	广告活动论
		新闻研究所	—	广告·广报论
16	国学院大学	—	商学科	广告论
17	驹泽大学	大众传播研究所	—	现代广告论
18	城西大学	经济学部	经营学科	广告论
19	上智大学	文学部	新闻学科	广告论
		经营学部	经营学科	产业论(广告)
20	女子美术大学	图形设计系	图形设计科	广告概论(前期)
21	成城大学	文艺学部	大众传播学科	传播论(3、4年级)

（续表）

	大学名称	学部名称	专业名称	讲座名称
22	西南学院大学	商学部	商学科	广告论
			经营学科	传播学
23	摄南大学	经营情报学部	—	广告论
24	创价大学	文学部	社会学科	广告宣传论
25	高崎经济大学	经济学部	经营学科	广告论
26	高千穗商科大学	商学部	商学科	广告论
27	多摩美术大学	美术学部	图形设计科	CIS设计、广告设计（杂志媒体）、广告写真、广告设计（广告计划）、设计（创作）、广告实例、综合设计
			商业设计科	设计演习（艺术管理）、广告设计论、图形设计（广告）、广告表现论、广告表现史
			美术学研究科（设计专攻）	
28	千叶商科大学	商学部	商学科	广告论
29	中京大学	商学部	商学科	广告论
30	东海大学	教养学部	艺术学科	设计特讲（广告论）、广告论
		文学部	广报学科	广告史、印刷制作
		经营学部	经济学科	广告论、广告研究
31	东京经济大学	经营学部	—	广告论
32	东京造形大学	—	—	广告论

(续表)

	大学名称	学部名称	专业名称	讲座名称
33	东洋大学	经营学部	商学科	广告论、大众传播特讲
		社会学部	应用社会学科	广告放送论
			大众传媒学专攻	社会学特讲
34	常磐大学	科学部	传播学科	营销、广告、广报、传媒论
35	同志社大学	文学部	社会学科（新闻学专攻）	广告论
36	独协大学	外国语学部	外国语言科（英语学科）	广告论
37	名古屋经济大学	经济学部	—	广告与大众传媒论
38	日本大学	艺术学部	映画学科	映画特讲、传播学
			全学科	宣传技术史
		法学部	新闻学科	广告制作论（前期）、特殊讲义（广告）、广告论
39	白鸥大学	经营学部	经营学科	广告宣传
40	函馆大学	商学部	商学科	广告论
41	姬路独协大学	外国语学部	—	广告论
42	广岛修道大学	商学部	—	广告论
43	福冈大学	商学部	商学·贸易科	广告论
44	文教大学	情报学部	广报学科	广告论
45	法政大学	经营学部	—	广告论
		社会学部	社会学科	广告论
46	北星学园大学	经济学部	经济情报学科	营销论
47	松山大学	经营学部	经营学科	营销论

（续表）

	大学名称	学部名称	专业名称	讲座名称
48	武藏野美术大学	设计学部	图形设计科	新闻广告制作
49	明治大学	商学部	—	广告论
50	明治学院大学	经营学部	商学科	广告论
51	横滨商科大学	商学部	商学科	广告论
52	立正大学	经营学部	—	经济学特讲（广告论）
53	流通经济大学	经营学部	经营学科	广告论、广告管理研究
			经济学科	广告效果研究
54	早稻田大学	教育学部	社会科学科	广报关系论、广告论
		商学部	商学科	广告论

第二类是以各类广告专题为主的研讨会与实习讲座，主要涉及广告实践方面的内容。这类讲座的数量在20世纪末呈上升趋势，而且很受欢迎。大阪艺术大学艺术学部、多摩美术大学美术学部、日本大学艺术学部、东京造形大学造形学部等艺术大学、美术大学、造型方面的院系等都是该类讲座的主要对象。总体来看，广播电视广告策划与实践在该类讲座中所占的比重较大[1]（表2-9）。

表2-9　1991年日本大学中以各类广告专题为主的研讨会与实习讲座情况[2]

	大学名称	学部名称	专业名称	讲座名称
1	爱知学院大学	商学部	商学科	实习（广告）
			经济学科	广告战略研究

---

[1] 王润泽：《日本的广告教育》，《国际新闻界》2002年第4期，第76—77页。
[2] ［韩］刘鹏卢：《日本广告教育实况调查研究》，《广告学研究》（韩国广告学会主办）1992年第1期，第45—47页。

(续表)

	大学名称	学部名称	专业名称	讲座名称
2	爱知教育大学	综合科学课程	日本语教育	现代日本经济、现代生活论
3	青山学院大学	经营学部	经营学科	实习(广告研讨会)、创意战略
4	亚细亚大学	经营学部	经营学科	实习(营销与广告)
5	大阪艺术大学	艺术学部	放送学科	广告研究Ⅰ、Ⅱ,广告实习Ⅰ、Ⅱ
6	冈山商科大学	商学部	商学科	研究实习(广告)
7	神奈川大学	外国语学部	—	研讨会
8	关西大学	社会学部	大众传播学	企业竞争与传播战略(实习)
			社会学科	消费与广告心理学
9	关西学院大学	社会学部	—	研究实习Ⅰ
10	九州产业大学	艺术学部	设计学科	广告设计
11	庆应义塾大学	商学部	—	研究会(3、4年级)
12	城西大学	经济学部	经济学科	研讨会Ⅱ(广告研究)
13	女子美术大学	—	图形设计专攻科	企业传播活动研讨会
14	西南学院大学	商学部	商学科	营销论研讨会
			经营学科	营销论研讨会
15	成蹊大学	经济学部	经营学科	实习(研讨会)
		文艺部	大众传播学科	大众传播研讨会(4年级)

(续表)

	大学名称	学部名称	专业名称	讲座名称
16	成城大学	文艺学部	大众传播学科	大众传播研讨会（3年级）、大众传播特讲
17	多摩美术大学	美术学部	—	广告设计实习
18	千叶商科大学	商经学部	商经学科	消费社会论
19	东海大学	教养学部	艺术学科 广报学科	专题研讨（研究实习）
		文学部	专题研讨（基础实习）	毕业论文、实习（毕业指导）
20	东京经济大学	经营学部	—	广告调查
21	东京国际大学	教养学部	人际关系学科	经济心理学研究
		商学部	商学科	消费行为论
22	东京造形大学	造形学部	设计学科	广告Ⅰ、Ⅱ、Ⅲ，CI计划
23	东洋大学	经济学部	商学科	实习（研究专题）
24	独协大学	外国语学部	英语学科	实习（营销与广告）1、2
		经济学部	—	实习（营销学）
25	名古屋经济大学	经济学部	经济学科	实习（研讨会）
26	日本大学	经济学部	经济产业经营学科	营销管理理论（实习）
		艺术学部	美术学科	专题研讨、视觉基础实习
		法学部	新闻学科	广告论
27	一桥大学	社会学部	—	市场研讨专题、大众传媒论
28	广岛修道大学	商学部	商业学科	广告论（研讨会）（2年级）

(续表)

	大学名称	学部名称	专业名称	讲座名称
29	北星学园大学	经济学部	经营情报学科	市场研讨会
30	明治学院大学	经济学部	商学科	市场战略论
31	山梨学院大学	商学部	经营情报学科	市场论
32	横滨商科大学	商学部	商学科	市场战略论
33	流通经济大学	经济学部	经济管理学科	广告管理研究、广告效果研究
34	早稻田大学	商学部	商学科	媒体广告，广告管理论1、2
		教育学部	社会学科	新闻学实习

第三类是涉及诸如商业设计、营销学、流通论、商业史、新闻学、心理学和社会学等与广告学有密切关联之学科的专题讲座，如市场营销论、市场传播、社会心理学、大众传播论、产业心理学、消费经济论、情报互动论、商业学总论、商品心理学、流通学、市场调查、经营社会学、消费者行为论等。由于这类讲座侧重广告基础理论与广告实践的扩展，以及广告学与其他专业相结合的授课，所以开设这类讲座的大学学部数量很多，如关西大学社会学部、东京国际大学教养学部、东京经济大学经济学部、成城大学文艺学部等。这反映了日本高校较早地将广告学视为一门实践性较强的专业。其中，营销、商业、市场等方面的内容占这类日本广告讲座的近一半，以大众传播、新闻、情报论、社会学等内容作为广告学基础课程的讲座也比较多。由于这方面讲座的名称复杂多样且涉及面太广，此处不再一一罗列。

(2) 日本大学广告讲座的两大特点

第一，广告讲座主要集中在经营学、社会学、商学、艺术学和经济学等院系。1991年，日本大学广告教育讲座总数达1012个，1999年跃升到1322个。但是，由于日本大学不设广告学专业，所以开设这些广告讲座的主要是商学部、经营学部、社会学部、文学部等(表 2-10)。

表 2-10　1991 年与 1999 年,日本高校各类专业学部开设广告讲座的数量①

专业学部	1991 年(个)	1999 年(个)
商学部	286	238
经营学部	131	323
经济学部	162	59
艺术学部	106	175
社会学部	98	295
文学部	74	82
其他学部	186	149
总计	1 043	1 321

以 1999 年为例,商学部、经营学部开设的广告讲座排前二(共 561 个),占该年日本大学开设广告讲座总数量的 42.5%;社会学部、文学部(共 377 个)开设的广告讲座数量占该年日本大学开设广告讲座总数量的 28.5%;艺术学部(175 个)开设的广告讲座数量占该年日本大学开设广告讲座总数量的 13.2%;经济学部(59 个)开设的广告讲座数量占该年日本大学开设广告讲座总数量的 4.5%;其他开设广告讲座(课程)的学部有教养(教育)学部、情报(信息)学部等,如东海大学教养学部、东京国际大学教养学部、早稻田大学教育学部、庆应义塾大学环境情报学部、摄南大学经济情报学部、文教大学情报学部等先后开设了各类广告讲座,并逐渐影响其他学科开始实施广告教育。不过,它们的讲座(课程)总量占日本大学开设广告讲座总数的比例不大,仅为 11.3%。

我国学者朱磊在研究中统计了 20 世纪 90 年代日本大学开设广告

---

① 参见王润泽:《日本的广告教育》,《国际新闻界》2002 年 4 期,第 76 页;[韩]刘鹏卢:《日本广告教育实况调查研究》,《广告学研究》(韩国广告学会主办)1992 年第 1 期,第 41—42 页。

讲座(课程)的数量(表 2-11)。

表 2-11　日本大学开设广告讲座(课程)的学部[1]

学　　部	讲座(课程)数量(个)
经营学/商学类	705(43.0%)
社会/情报/传播学类	368(22.5%)
艺术类	222(13.5%)
跨学科/教养/生活科学类	162(9.9%)
文学/语言学/教育学类	79(4.8%)
经济学类	56(3.4%)
法学/政治学类	31(1.9%)
理工/自然科学类	16(1.0%)
合计	1639(100.0%)

这表明,20 世纪 90 年代以来,与中国或美国的高校广告课程主要集中在新闻/传播学院系不同,日本大学在不设广告学部的前提下,其广告讲座主要集中在商学部、社会学部、经营学部、艺术学部等。

第二,广告讲座的师资侧重来源于实践。日本广告讲座的一大特色是师资的实务背景非常强。在日本大学广告讲座的师资中,相当一部分的讲师长期在广告业界从事兼职工作,有 10%—30% 的讲师更是来自业界一线的客座讲师,他们在日本被称为非长勤讲师。这些大学非在职(非在编)的非长勤讲师有近 90% 具有 10 年以上的广告公司工作经历,而在那些主讲教授中,有 74% 都是实务出身[2]。

(3) 本科广告讲座安排的学年分布

日本大学有关广告学的讲座大部分安排在本科的高年级阶段,四年

---

[1] 朱磊:《日本广告教育发展现状》,《现代广告》2005 年第 9 期,第 39—40 页。
[2] [韩]刘鹏卢:《日本广告教育实况调查研究》,《广告学研究》(韩国广告学会主办)1992 年第 1 期,第 51 页。

级的讲座数量占比高达47.2%(表2-12)。

表2-12 日本大学广告讲座的学年分配与占比①

阶段	讲座数量(个)	占 比
四年级	77	47.2%
三年级	67	41.1%
二年级	15	9.2%
一年级	4	2.5%

2. 研究生院(大学院)广告讲座的基本情况

日本的研究生教育机构是大学里的"大学院",类似于中国大学的研究生院。首先,日本的研究生教育机构根据其设立形式和经费来源的不同分为国立、公立、私立三种;其次,日本大学中的研究生学科中不设广告学专业,但经常开设研究生广告讲座(或相关课程),只是开设研究生广告讲座的大学并不多。

通过对日本大学中有关广告教育的调查,日本大学在硕士、博士课程中开设广告讲座的情况见表2-13。

表2-13 日本研究生院的广告教育讲座情况②

	大学	学部	专业	讲座内容
1	青山学院大学	大学院	经济学研究科	● 广告研究 ● 社会心理学演习 ● 消费者行为研究 ● 广告传播
			心理学专攻	
2	关西大学	大学院	社会科学研究科	● 广告学研究 ● 产业心理学研究 ● 产业心理学研究实习
			社会心理学专攻	

---

① [韩]刘鹏卢:《日本广告教育实况调查研究》,《广告学研究》(韩国广告学会主办)1992年第1期,第35页。
② 同上,第43—49页。

(续表)

	大学	学部	专业	讲座内容
3	多摩美术大学	大学院	美术研究科	• 日本广告表现史 • 现象设计
4	东京经济大学	大学院	经济学研究科	• 广告研究 • 研究会（营销学）与演习
		大学院	经营学科	• 广告表现的科学
5	东京国际大学	大学院	商学研究科	• 营销研究专题与演习
6	独协大学	大学院	经济学研究科	• 广告论研究 • 广告论演习
7	日本大学	大学院	经济学研究科	• 营销特论（广告特讲） • 商学特殊研究（广告特论） • 商学
8	明治学院大学	大学院	经济学研究科商学专攻	• 市场管理特讲 • 企业识别及视觉表现
9	广岛修道大学	大学院	商学研究科	• 商学特殊研究（广告论）
10	松山大学	经济学部 大学院	经营学科	• 市场论（包括广告论） • 营销论（包括广告论）
11	早稻田大学	大学院	商学研究科 商学专攻科	• 广告研究 B • 广告论研究指导 • 商学研究科 • 流通政策特讲 • 广告论演习 • 广告理论和广告实务
12	关西学院大学	大学院	社会学研究科	• 社会学研究科演习 • 产业心理学（消费行动论） • 广告效果 • 广告心理学研究Ⅲ • 产业心理学研究演习 • 广告调查的事例研究

(续表)

	大学	学部	专业	讲座内容
13	庆应义塾大学	大学院	商学研究科	● 商业学演习 ● 商业学特殊演习 ● 商业学特殊研究 ● 商业学特讲
14	东海大学	文学部 大学院	广报学科 经营学研究科	● 广报媒体练习 ● 广报特殊研究 ● 营销论（从营销领域看广告）
15	东京国际大学	大学院	商学研究科	● 研究会（营销） ● 演习
16	冈山大学	大学院	经营学研究科	● 营销总论
17	学习院大学	大学院	—	● 营销练习 ● 营销特殊练习
18	成城大学	大学院	营销专业 文科研究科	● 大众传播特讲
19	筑波大学	经营学部 大学院	经营学科 体育科学系	● 现代营销 ● 体育休闲产业论
20	东京艺术大学	美术学部 大学院	设计学科	● 情报设计特论
21	东京大学	大学院	社会学科 社会心理学	● 政治与经济社会心理学

通过对日本高校中有关广告教育的实况调查，日本大学研究生院开设广告讲座的名称与数量见表2-14，讲座内容主要围绕营销理论与实务、广告学与广告理论研究、商学研究（广告论）、广告实务与表现、广告信息媒体实践与研究、商学实务、产业心理学等方面。

表 2-14　日本研究生院开设广告讲座的名称与数量统计

讲座名称	开设该讲座的研究生院数量（个）	讲座名称	开设该讲座的研究生院数量（个）
广告学与广告理论	6	销售人员管理	1
广告实务与表现	3	促销研究	1
日本广告史	1	社会学研究与实务	2
大众传媒	1	社会心理学研究	1
广告传播	1	产业心理学（消费者行为）	3
广告信息媒体实践与研究	3	市场调查（调查事例）	3
营销理论与实务	11	政治与经济心理学	1
商学研究（广告论）	6	形象设计	1
商学实务	3	体育休闲产业论	1
流通政策特论	1		

3. 短期大学广告讲座的基本情况

日本的短期大学（相当于中国的大专）形成于 20 世纪 50 年代初期，是为了适应当时日本经济发展的需要而形成的一种专科大学体系。短期大学的学习年限通常为 2 年，医疗技术和护士等学科也有 3 年制的，其毕业生将被授予准学士学位。短期大学的培养目标明确，即把教育重点放在对毕业生进入社会后能直接运用的技能培训上。它一般从企业的需要出发，对学习者施以专门的职业教育，培养学生在职业上必备的知识和技能。部分日本短期大学的广告教育讲座（或相关课程）设置情况见表 2-15。

表 2-15　日本短期大学的广告讲座情况①

大学名	学部名	学科名	讲座内容
埼玉女子短期大学	—	商学科	广告论
产能短期大学	—	能率科	广告论 销售论
松荫女子短期大学	—	经营科	广告论
尚美学园短期大学	—	情报科	广告论
中部女子短期大学	—	商学科	广告论
香川大学	商业短期大学部	商业学科	研讨会
广岛修道大学	短期大学部	—	广告论
神奈川大学	短期大学部	商学科	研讨会
川村短期大学	—	英文科	研讨会
关西学院短期大学	—	传播学科	销售论、大众传播论
香兰女子短期大学	—	秘书科（文秘学科）	销售论
弘前学院短期大学	—	生活福利学科	销售论
山口艺术短期大学	—	生活艺术科	文化论Ⅱ（文化符号论）

　　短期大学的培养人才方式适应了日本经济的发展和企业需要。同时，短期大学毕业生入职的企业效益好、待遇高，因而很受社会的欢迎。

　　综观上述日本大学广告教育的本科、研究生和专科生的讲座（或相关课程）设置情况，主要还是以广告基本概念方面的教育为主，由大学中相关广告学专业理论教师和社会广告资深从业人员主讲。同时，日本

---

① ［韩］刘鹏卢：《日本广告教育实况调查研究》，《广告学研究》（韩国广告学会主办）1992 年第 1 期，第 55—59 页。

广告教育中关于技能部分讲授的一个非常特殊的方法和途径,就是在日本许多大广告公司的内部完成,即由这些大的广告公司内部的广告业务主管或资深从业人员对新入本公司的职员进行系统培训,或对公司处于不同阶段的职员进行职业再教育。

(二) 日本广告公司内部的广告教育

除了大学的广告讲座,日本广告教育的另一个重要途径是广告公司内部的广告知识培训。此处以日本株式会社博报堂①的广告教育为例,对日本广告公司内部的广告教育加以了解。

博报堂是日本目前第二大的广告公司,每年都有100多名新职员进入公司。以博报堂1992年4月1日对新职员进行的研修教育为例,公司内部的广告教育分为8个科目进行,前后约有1个半月的研修时间(包括休息天和假期)。

第一,入社前研修。新职员在正式入社之前,博报堂一般会对他们进行为期4天的基本技能培训。

第二,入社后了解公司概况。从当年4月1日起,公司会用3天时间为新员工介绍公司以下6个方面的基本情况:公司概况、公司的业务流动、公司的业务价格、公司的职能、公司的组织、公司的人事制度。

第三,开展市场流通基础理论教育。这项教育一般为期1天,但新学员需要预习有关市场流通方面的基础知识。

第四,了解公司的会计系统。这项教育一般也为期1天,目的是帮助新学员熟悉和了解公司的财务流程和会计制度。

第五,广告实际业务和广告商务基础知识方面的培训与教育。这是

---

① 日本株式会社博报堂(HAKUHODO)是日本目前排名第二的广告与传播集团,也是日本历史最久的广告公司,创立于1895年10月。1960年,博报堂进军国际市场。2002年12月,博报堂与广告代理公司Daiko和Yomiko合并,缩小与在日本排名第一的电通在业务上的差距。同年,与总部位于荷兰的李岱艾公司结成战略联盟,拓展全球业务。截至目前,博报堂在20个国家和地区设有150多个办事处,与3000多家客户建立了伙伴关系,其中的某些合作关系持续了70年之久。

博报堂对新职员研修教育的重点,一般历时 2 周,期间的业务研修主要包括以下科目:事例研究、营业部门的活动、市场计划(报考传播领域与非传播领域)、表现计划(TV CF 中心/Graphic 中心)、媒体计划(新闻、杂志、电视、广播,即四大媒体纵论)、新媒体、战略计划、公共关系策划、事业本部的活动、公司的海外情况和国际业务、公司的生活综合研究所活动、广告与法规、管理部门的活动、公司的研究开发体制、与协作机关的合作、业务技术、商务管理等。

第六,公司内部信息活用方法及在线实习。该项培训一般需要 1 周,主要培训新员工的计算机基础知识。

第七,广告策划实习,需要 10 日,基本流程为:新学员分为数个小组→分配课题→实习→期中检查→演示→讲评。

第八,在完成约 1 个半月的"全日制"研修后,公司接着会安排新学员开始在职培训(on job training,即 OJT),这是博报堂广告教育的一大特色。在这期间,相关人员会将每天的研修结果向上司报告。

当前,日本广告业界与教育界之间的交流日益频繁,加强大学与业界之间广告教育的融合与互补,对于提升日本高校广告教育的教研层次、教育质量将大有裨益。

四、国外高校广告教育的师资结构

先进的教学理念和科学的课程体系是任何一门专业得以顺利发展的核心要素,将这些核心要素变成现实的则是遵循这一教育理念、贯彻这一教学课程体系的师资力量。美、英、日等国家的广告教育事业之所以处于领先地位,得益于它们有一支数量稳定、结构合理、教学水平较高的师资队伍。

(一) 师资队伍与师生比例

广告学作为高校中的一门学科,其师资队伍的稳定与发展至关重要。实际上,西方广告教育发达国家的广告师资队伍一直保持着积极的发展态势。以美国为例,有关机构和学者的三次调查显示:1964 年,美国广告学专业的专职教师有 135 名[①];1989 年有 382 名[②];2005 年达到 589 名。虽然 2005 年的调查不包括非专业(辅助课)教师,但从中可以明显看到,美国的广告学专业教师人数始终呈现为明显的增长趋势。

除了师资队伍的稳定发展外,美国广告学专业的教师与学生之间的比例也值得关注(表 2-16)。

表 2-16 21 世纪初期美国大学各地区广告学专业师生情况[③]

(单位:人)

地区	广告学专业		广告学/公共关系学专业		总数		师生比例
	学生数	教师数	学生数	教师数	学生数	教师数	
东部	1 153	29	2 742	73	3 895	102	1∶38.2
东南	4 494	97	2 740	47	7 234	144	1∶50.2
西南	2 987	60	1 257	30	4 244	90	1∶47.2
中西部	5 800	144	2 788	65	8 588	209	1∶40.1
西部	2 154	36	699	8	2 853	44	1∶64.8
总计	16 588	366	10 226	223	26 814	589	1∶45.5

根据表 2-16 可知,无论是在广告学专业还是在广告学/公共关系学复合专业,美国广告学专业的学生规模与教师人数都是比较大的,但两者的比例表示出美国广告教育的师资数量还不能满足其高校广告学专业招生逐年扩大的需要。此外,还有两点需要注意:一是上述教师数

---

① 1964 年的调查由查尔斯·艾伦(Charles L. Allen)为 AAA 所做,题目是"关于广告课程和教师的调查"(Survey of Advertising Courses and Census of Advertising Teachers,未公开发表)。
② 1989 年的调查结果由肯特·兰卡斯特(Kent M. Lancaster)和托马斯·马丁(Thomas C. Martin)从来自 64 所大学的 77 份有效回复问卷分析统计得出。参见"Teachers of Advertising Media Courses Describe Techniques, Show Computer Applications," *Journalism Educator* (No.4, Vol.43)。
③ Billy I. Ross, *Advertising Education: Yesterday-Today-Tomorrow*, Advertising Education Publications, 2006, p.111. "师生比例"部分是作者处理有关数据后增加的。

字是"纯专业"教师,不包括其他基础辅助课的教师;二是美国大学的专业教师每周的课时量比较大(相对于我国而言),而且许多大学每年还有很多临时聘任(不在编)的外校教师。

(二) 学历资质与知识背景

尽管美国广告教育的专业师资在数量上相对而言有一定的缺口,但其师资的总体学历和资质普遍很高。在美国的教育制度下,大学教师一般都要拥有博士学位,但对于几个特殊专业,如大众传播、法律、工商管理、艺术、广告等,在该教师具有丰富实践经验的前提下,这一条可以适当放宽。不过,即便如此,美国高校的广告学专业教师大部分都拥有博士学位。2005年的调查数据显示,在广告学的全体教师中,拥有博士学位的教师占76%,硕士学位占22%,学士学位占2%。其中,硕士毕业的教师大多是艺术学科类或商业管理类的,还有许多教师持有双硕士学位。这些高学位教师的学历大部分是从美国34所设置广告学专业的著名高校取得的。其中,博士学位获得者多毕业于密歇根州立大学、得克萨斯大学奥斯汀分校和威斯康星大学。以广告师资力量最雄厚的得克萨斯大学奥斯汀分校为例,其广告系18名教师中有13人拥有博士学位;在著名的佛罗里达大学新闻与传播学院的36名教师中,除了3名从事设计教学的教师,其他所有教师都拥有博士学位,并且都有10年以上的工作经历,包括10名广告学专业的教师和7名公共关系学专业的教师。

在知识构成上,美国广告学专业的教师大部分毕业于大众传播学或广告学专业,一小部分是从管理学、心理学、社会学和其他人文社会学科专业毕业的。以著名的得克萨斯大学奥斯汀分校的广告系为例,其18名教师中,毕业于传播学/大众传播学专业的有6人,毕业于广告学专业的有5人,毕业于营销类专业的有5人,其他专业毕业的有2人[①]。

---

① 参见得克萨斯大学奥斯汀分校广告学专业网站:https://advertising.utexas.edu。

这些具有不同知识背景的教师对当前广告学专业的发展至关重要,他们推动现代广告学日渐成为独立的学科。

(三)实践经验与教学能力

如果说高学历和优质的知识背景是西方(包括日本)广告教育内质之主要特征,丰富的实践经验和独特的职业素养则是这些国家广告教育的又一重要特点。

根据2005年ADFORUM[①]的"广告学专业教师情况"调查报告,美国广告学专业教师的平均年龄为49.9岁。其中,40—50岁的教师占总人数的40.8%,50—60岁的教师占28.5%,40岁以下的教师占16.3%,60岁以上的教师占14.3%。调查还发现,广告教师的平均从业(执教)年限是14年。其中,10年以下执教经历的教师比例为38%,10—20年的教师比例为35%,20—30年的教师比例为19%,超过30年教龄的教师比例为5%。从教师的经历来看,虽然有个别教师无任何业界经验,但从总体来看,高校广告学专业的教师平均拥有12年的业界工作经验。同时,美国高校积极鼓励教师"走出去",通过与业界密切合作而获得的实战经验最终也会体现在其广告教学上。

在实践教学方面,日本取得的成绩尤为突出。日本广告讲座的一大特色是师资的实务背景极强,在日本大学主讲广告讲座的师资中,客座讲师(非长勤讲师)的数量情况见表2-17。

表2-17 日本大学广告讲座中非长勤讲师占比情况[②]

学部	非长勤讲师占比
商学部	29.9%
经营学部	16.9%

---

① ADFORUM是主要供广告系教师交流的网站,网址为https://www.adforum.com。
② [韩]刘鹏卢:《日本广告教育实况调查研究》,《广告学研究》(韩国广告学会主办)1992年第1期,第51页。

(续表)

学部	非长勤讲师占比
艺术学部	16.9%
经济学部	10.4%
社会学部	9.1%
文学部	6.5%
其他学部	10.4%

这些大学非在职（非在编）的教师（非长勤讲师）大多来自广告业界，具有10年以上经验者约占88%。同时，在那些主讲的教授中，有74%都是实务科班出身。

日本广告师资的另一大特点是其主讲师资的学历一般都不是很高。韩国广告学会长、延世大学名誉教授刘鹏卢调查的62名日本广告讲座的主讲教师，具有教授职称和商学博士学位的仅占5.6%，商学硕士占20.4%，其他学科的硕士占5.7%。不过，教授中的74%都是广告界的实务科班出身，其他具有10年以上实践经验的讲师约占88%[①]。

英国广告教育的师资同样与业界的联系十分密切。英国大学广告学专业的师资主要来自从事广告学术研究或在广告公司从事过广告工作的骨干和精英。然而，无论是来自广告研究领域还是来自广告业务领域的教师，其中的大部分都始终与广告业界有密切联系，特别是来自广告业务领域的教师一般都有多年的广告业界经历，有的人还是英国营销专业资格委员会或公共关系协会的高级专家。另外，英国许多大学的广告学专业会经常邀请业内资深专家来校开设广告实务讲座，为学生提供业内最新动态和将来学生就业规划等方面有价值的忠告和建议。

---

① ［韩］刘鹏卢:《日本广告教育实况调查研究》,《广告学研究》（韩国广告学会主办）1992年第1期,第43页。

以新白金汉大学设在视觉与传播艺术学院和商学与管理学院的广告学专业为例。

首先，其授课教师基本上都来自业界，并且他们与业界一直保持着密切的往来。数年来，该校授课的教师团队已逐步将学位课程的学术理论要求与业界实务的本质要求成功地结合起来。同时，授课指导老师与业界的长期交流和沟通保证了其专业课程内容不仅具有实效性，还具有时代性和前瞻性。教师与学生之间融洽的合作关系也是该校广告学专业课程能够被学生普遍接受的一个关键因素。

其次，其广告本科课程体系已连续发展了数十年，基本上奠定了从业界汲取专业知识并取得业界支持的深厚基础。伦敦的许多广告公司中都有同时在新白金汉大学广告学专业工作的教师。这种广告公司与大学广告教师互相合作与支持的运作方式，为在校学生提供了与业界直接接触的机会，包括倾听来自业界的专业演讲、演说或讨论，体验在业界开展广告实务工作的过程。自然，这种运作方式也会使课程团队接触最优秀的业界人士及其前沿、实用的专业知识和技能。

最后，学生在校期间可以从业界获得大量有关广告国际化运作的知识，还能亲身体验英、美等广告发达国家当下在广告创意和广告商务活动方面的实践流程。至今，该校广告学专业开展的大学与业界的合作教育培养方式非常成功，保证了该校广告学专业的毕业生具备业界国际化发展所需要的基本能力。

英国广告学专业师资与业界的密切联系，既给学生打下了理论知识与实践能力结合的坚实基础，也为学生提供了在广告、营销、公关等领域进行跨行业转换并获得稳定工作机会所需的基本技能。这些跨学科的基本技能还包括学生所具有的辨析思考、分析判断、独立研究、项目管理、团队协作、问题处理、职业交流和IT技术及信息传播等能力。

21世纪以来，英国大学广告学专业毕业生的就业前景普遍不错，但据英国雇主反映，在新技术革命飞速发展和职业素养要求日趋提高的情况下,学生的团队协作能力还不足,许多在校生往往将大部分时间花费在学位获取上,没有充裕的时间参加各类社团等课外活动。另外,学生的沟通能力有待提高,学生的自我展示、自我表达能力和经验还欠缺。这一切都给广告学专业的教师与学生提出了更高的要求。

第三章 国外高校广告学的学科归属与学科交叉

广告学在学科上到底归属于传播学还是营销学,这在国内外已争论多时,至今似乎还没有定论。杨海军教授曾在论及广告学的学科体系时指出,多年来,学界流行着"广告是人类有目的信息交流的产物"与"广告是商品生产和商品交换的产物"两种不同观点,这两种不同的表述分别代表了人们对广告起源问题的不同看法。本书将这两种既密切关联又不尽相同的观点再次引申到现代广告活动中,认为传播和营销是广告生存和发展空间中相互支撑的两个层面。因此,在这两个层面下,广告学的发生与广告学学科体系的形成也是广告传播技术进步和广告营销功能增强的必然产物[①]。100多年来,在西方主要广告大国的高校中,广告学更是在传播学和营销学这两个不同学科之间的互动与演变中逐渐确立自己的学科归属的。

第一节 国外高校广告学的学科演变与归属

一、美国:从商学向传播学的转向

美国早期(19世纪末20世纪初)的广告课程与广告学专业在初期

[①] 张金海、姚曦:《广告学教程》,上海人民出版社2003年版,第20页。

设立时,与当时新兴的新闻/传播学、商学/市场学、营销学等学科渊源甚深,主要原因是从事广告行业的工作往往需要新闻学、商学、营销学等学科的专业知识背景。因此,最初开设广告学课程的主要是商学院(系)和新闻学院(系),如美国最早开设广告课程的是宾夕法尼亚大学沃顿商学院(1893年)和纽约大学商学院(1905年),最早正式单独开设广告学专业的是密苏里大学的新闻学院(1913年)。正如哈罗德·E.哈迪(Harold E. Hardy)所说,"在1930年,美国广告课程中有66%是由市场营销学院提供的"[1]。当然,还有一部分广告课程是由新闻学院开设的。

在1950年之前,美国72所高校先后开设的广告学专业基本上都设置在商学/市场学和新闻学(后来新闻学又拓展为新闻学和传播学)这两个学科领域(表3-1)。

表3-1 1950年美国广告学专业所属院系情况表[2]

院系类别	广告学专业数量(个)	有关大学广告学专业早期所在的院(系)
新闻学	30	(略)
市场学	21	(略)
商学	12	(略)
贸易学	2	伊利诺伊大学于1914年将广告学专业设在贸易系
经济学	2	纽约市立大学于1922年将广告学专业设在经济系
心理学	1	肯塔基大学于1925年将广告学专业设在心理学系
英语	1	堪萨斯大学于1909年将广告学专业设在英语系
哲学	1	威斯康星大学于1910年将广告学专业设在哲学系

---

[1] Edd Applegate, *The Rise of Advertising in the United States: A History of Innovation to 1960*, The Scarecrow Press, 2012, p.326.
[2] Billy I. Ross, *Advertising Education: Yesterday-Today-Tomorrow*, Advertising Education Publications, 2006, p.14.

(续表)

院系类别	广告学专业数量(个)	有关大学广告学专业早期所在的院(系)
广告学	1	菲尔莱狄更斯大学于1945年将广告学专业设在广告学系
零售学	1	长岛大学于1949年将广告学专业设在零售学系

从表3-1可以看出,1950年时,美国设置广告学专业的大学共有72所,其中设置在商学类(如果把市场学、贸易学、经济学、零售学都归于商学的话)的广告学专业有38个,占当时广告学专业所属院系总数的52.7%;隶属于新闻学(包括广告学)的广告学专业有31个,占总数的43%;其他学科(如心理学、英语和哲学等)的广告学专业占比仅为4.1%。可见,1950年时,美国的广告学专业基本上从属于商学和新闻学这两个学科。

1950年以后,美国的广告学专业逐渐开始从商学/市场学转移至新闻/传播学学科。根据1959年由美国卡内基基金会和福特基金会各自独立发布的报告及其他有关数据显示,20世纪五六十年代,美国共有13所著名大学的商学院撤销了其广告学专业(表3-2)。

表3-2 1955—1963年从商学院撤销广告学专业的美国大学与具体时间

撤销广告学专业的美国大学	撤销广告学专业的时间
佛罗里达大学	1955
丹佛大学	1958
俄克拉何马州立大学	1958
华盛顿大学	1958
哥伦比亚大学	1959
明尼苏达大学	1959
托力多大学	1959

(续表)

撤销广告学专业的美国大学	撤销广告学专业的时间
西北大学	1960
密西西比州立大学	1961
阿拉巴马大学	1962
俄亥俄州立大学	1962
得克萨斯大学	1962
波士顿大学	1963

上述13个从商学院撤出的广告学专业,其中有9个转移到该校的新闻/传播学院。另外,至1965年时,根据美国1965年版的《我该到哪里学广告?》的数字统计,美国只有27所大学的广告学专业仍设在商学院中。

比利·罗斯和约翰·施维茨在其1990年于美国《新闻与大众传播教育》季刊发表的一篇文章中说:"在过去的25年(1963—1988年——作者注)中,大多数广告学专业在大众传播中找到了归宿……其间,美国广告教育的一个重大变化是广告学专业从商学院转到了新闻学院或大众传播学院。其中,1963—1964年,有36所大学的广告学专业属于新闻学院,只有27所大学的广告学专业还在商学院,另有14所大学(18%)的广告学专业是由商学院和新闻学院共同建管的……但是,到1987—1988年,美国共有95所高校开设广告学专业,其中的83个(占美国广告学专业总数的87%)归属于新闻学院和大众传播学院,只有9个广告学专业(占美国广告学专业总数的10%)仍开设于商学院,另有3个广告学专业(仅占美国广告学专业总数的3%)是由商学院和新闻学院联合管理的。"[①](表3-3)

[①] Billy I. Ross, John Schweizer, "Degress Grow 475 Percent in 25 Years: Most Advertising Programs Find Home in Mass Communication," *Journalism & Mass Communication Educator*, 1990,1(45),pp.3-8.

表 3-3　1963—1988 年美国高校广告学专业的归属情况[①]

广告学专业归属	1963—1964 年(个)	1987—1988 年(个)
商学院	27	9
新闻学院	36	83
联合共管	14	3
总　计	77	95

到 2004 年,根据该年出版的《我该去哪里学广告和公关?》所列的有关美国 129 所设有广告学专业的大学的统计,有占总数近 80% 的广告学专业设在新闻、传播或新闻/大众传播院系;个别大学的广告学专业设在传播艺术系,如北佛罗里达大学设在传播视觉艺术系,西佛罗里达大学设在传播艺术系,西得克萨斯大学设在艺术、传播与戏剧系。实际上,这些设在传播艺术类院系的广告学专业也应该被算在大众传播学的范畴。据此,美国有 114 所大学(占总数的 88.3%)的广告学专业设在新闻/大众传播学学科。

有 7 所大学还单独设立了广告学系,分别是阿拉巴马大学、伊利诺伊大学厄巴纳-香槟分校、密歇根州立大学、密苏里大学哥伦比亚分校、内布拉斯加大学、宾夕法尼亚州立大学、得克萨斯大学奥斯汀分校(同时设有广告学博士学位点)。

此时,美国仍将广告学专业设在商学/市场学(系)的大学仅有 8 所,分别是佛罗里达海湾海岸大学、芝加哥哥伦比亚学院、西密歇根大学、西南密苏里州立大学、纽约市立大学-巴鲁克学院、扬斯顿州立大学、普渡大学卡鲁梅分校、弗里斯州立大学。2004 年,它们仅占美国 129 所设有广告学专业的大学总数的 6.2%[②]。

[①] Billy I. Ross, John Schweizer, "Degress Grow 475 Percent in 25 Years: Most Advertising Programs Find Home in Mass Communication," *Journalism & Mass Communication Educator*, 1990,1(45), pp.3-8.

[②] 参见 Billy I. Ross, Keith F. Johnson, *Where Shall I Go to Study Advertising and Public Relations? 2004*, Advertising Education Publications, 2004。

根据表3-4中的统计数据可知,美国大学的广告学专业绝大部分(占总数的近90%)隶属于新闻/大众传播学院(系),只有很小一部分(仅占美国所有广告学专业的6.2%)隶属于商学/市场学院(系)。

表3-4 20世纪初叶美国广告学专业归属院系类别表[①]

院系类别	广告学专业数量(个)
新闻/大众传播学院(包括传播艺术系)	114
市场学与商学院	8
广告学系	7

可以看出,半个多世纪以来,美国大学已对广告学专业的学科归属形成了一个普遍共识,即广告作为一种信息传播方式和活动,在属性上倾向于信息传播学科——传播学。

二、英国:分归于传播学、商学和艺术学

英国高校联合服务中心网站、英国相关大学的官方网站、英国教育官方网站及Emerald网站的有关数据显示,全英高校中设置广告学专业的大学不少,但由于许多广告学专业是根据各院校自己的实际情况以加强各学科之间的联系来进行跨学科设置的,英国高校中单独设置纯广告学专业的院校很少(表3-5)。

表3-5 英国部分高校的广告学专业所在学院及专业名称

大学名称	广告学专业所在学院	广告学专业名称	学制与学历
新白金汉大学	商学与管理学院	广告与营销管理	3年/学士
		商务与广告管理	3年/学士
	视觉与传播艺术学院	图形设计与广告	3年/学士
		广告学	1年/硕士

[①] 参见 Billy I. Ross, Keith F. Johnson, *Where Shall I Go to Study Advertising and Public Relations? 2004*, Advertising Education Publications, 2004。

(续表)

大学名称	广告学专业所在学院	广告学专业名称	学制与学历
北安普顿大学	商学院	广告学	3年/学士
		广告与设计	3年/学士
		广告与公共关系	3年/学士
贝德福特大学	媒体艺术设计学院	广告与营销传播	2年9个月/学士
		广告设计	3年/学士
	商学院	广告与营销传播	3年/学士
		图形设计与广告	2年9个月/学士
中央兰开夏大学	商学院	广告与市场传播	3年/学士
	设计系	广告学	3年/学士
伦敦艺术大学	媒体学院	互动媒介广告设计	3年/学士
爱丁堡龙比亚大学	传播艺术学院	传播、广告与公关	4年/学士
		创意广告	2年/硕士
阿尔斯特大学	传播学院	传播与广告	3年/学士
		广告语言	3年/学士
		传播、广告与公共关系	2年/理学硕士
卡玛森圣三一大学学院	艺术人文学院	广告与电影	3年/学士
		广告与媒体	3年/学士
		广告与美学	3年/学士
		广告与英语	3年/学士
威尔士纽波特大学	艺术、媒体与设计学院	广告设计	3年/学士

上述英国9所大学的广告学专业分别开设在商学院、传播/媒体或传播艺术学院以及艺术、设计学院。与美国和中国将广告学专业基本上开设在新闻或传播类院系不一样的是：首先，英国大学的广告学

专业主要开设在各高校的商学院、传媒学院或艺术学院;其次,英国大学广告学专业的学科归属比较模糊,设在传播/媒体或传播艺术类学院、商学院和艺术或设计学院的数量差不多;最后,英国大学广告学专业的学科跨度比较大,联系也很密切。传播学、商学和艺术设计虽然分属于三个不同的学科,但在学科机理上互有交叉和联系,所以,虽然英国大学广告学专业的学科归属比较模糊,却具有拓展与延伸广告学专业内容的空间。

三、日本:倾向于商学、社会学与艺术学

从前文引用并分析的数据可知,20世纪90年代以来,与中国或美国的高校广告课程主要集中在新闻/传播学院系不同,日本大学在基本上不设广告系的前提下,其广告讲座主要集中在商学(以及经营学、经济学)、社会学(以及文学)、艺术学等学部(表3-6)。

表3-6 20世纪末至21世纪初时日本高校各院系开设本科广告讲座的数量[①]

专业学部	本科广告讲座数量(次)
商学部	238
经营学部	323
经济学部	59
艺术学部	175
社会学部	295
文学部	82
其他学部	149
总 计	1321

---

① 参见王润泽:《日本的广告教育》,《国际新闻界》2002年第4期,第76—79页;[韩]刘鹏卢:《日本广告教育实况调查研究》,《广告学研究》(韩国广告学会)1992年第1期,第45—47页。

可见,日本大学中的商学部、经营学部、经济学部在本科开设广告讲座的数量占当时日本大学全部广告讲座数量的 46.9%,社会学部、文学部在本科开设广告讲座的数量只占日本大学全部广告讲座数量的 28.5%,艺术学部在本科开设广告讲座的数量占日本大学全部广告讲座数量的 13.2%,其他院系仅占 11.3%。

发表于 1992 年的《日本广告教育实况调查研究》显示,日本 27 所大学中开设的研究生广告讲座主要集中于商学(以及经营学、经济学)、社会学(以及文学)、艺术学三大类学部(表 3-7)。

表 3-7　20 世纪末日本在研究生教育中开设广告讲座的数量

专业学部	开设研究生广告讲座于该学院的大学数量(所)
商学部	7
经营学部	4
经济学部	6
艺术学部	2
社会学部	6
文学部	1
其他学部	1
总　计	27

根据表 3-7 可知,日本 27 所高校在商学部、经营学部、经济学部开设研究生广告讲座的大学共有 17 所,占总数的 63.0%;在社会学部、文学部开设研究生广告讲座的大学有 7 所,占总数的 25.9%;在艺术学部开设研究生讲座的大学仅有 2 所,占总数的 7.4%;在其他学部开设研究生讲座的大学有 1 所,仅占总数的 3.7%。

由此可以确定,在日本高校较少设置广告学专业的前提下,广告学专业这一学科内容的教学主要倾向归属于商学、社会学与艺术学。

关于广告教育的学科归属,世界各国至今还没有达成共识,这一结论可以从上述美、英、日等国高校的广告学专业所在院系类别的总体情况上得到初步确定,即美国的广告教育基本上归属于新闻/传播学,英国的广告教育基本上归属于传播学、商学与艺术学,日本的广告教育(高校讲座)基本上归属于商学、社会学与艺术学。

第二节 国外高校广告学的学理外延与学科交叉

我国著名科学家钱三强早在1985年就指出:"本世纪末到下一个世纪初将是一个交叉科学时代。"广告学的综合性、多向性与交叉性的学科特性,使得现代广告的内涵不断扩大与延伸。社会学、经济学、美学、统计学、市场学、管理学、心理学、传播学、公共关系学、会展学等相关学科的发展,为现代广告学提供了充足的养分,也促使其内涵在独立的学科轨道上不断丰富与拓展。本节主要讨论广告学与公共关系学、市场营销学、会展学之间的关系,因为这三者在广告的实际应用中具有重要意义,对广告学学理的纵深发展大有裨益。

一、广告学与公共关系学的交叉与渗透

美国是世界上开展公关教育最早的国家,也是当今高校从事公关研究较为前沿的国家,其公关教育理念在全球范围内产生了重要影响。

美国的第一门与公共关系相关的课程是1920年由约瑟夫·P.赖特(Joseph P. Wright)在伊利诺伊大学教授的,曾被美国著名公共关系学者斯各特·卡特李普(Scott M. Cutlip)称为"宣传技巧"。然而,实际名为"公共关系"的第一门课程是1923年由爱德华·伯尼斯(Edward L. Bernays)在美国纽约大学教授的。美国著名公共关系专家汉德利·赖特(Handly Wright)认为"关于20世纪20年代中期至1945年第二次世界大战结束之前的这段时间里,美国公共关系教育的有关情况(包括额

外的课程)的历史没有详细记录和可查资料",但美国第一个提供公共关系学位的是波士顿大学(1947年),尽管它实际上是一个课程硕士学位。必须特别指出的是,之后大多数公共关系专业设在新闻传播学院,一小部分则归在文学院[①]。

从世界范围看,公共关系学兴起于第二次世界大战结束后的美国,与设置在美国高校新闻学院或传播学院的传播学、广告学紧密相联。尤其是自20世纪90年代以来,人们不仅可以在美国许多大学的新闻学院或大众传播学院中看到广告学专业,还可以经常见到公共关系学专业。

美国2004年《我该去哪里学广告和公关?》的资料显示,21世纪初期,美国有217所大学的新闻学院和传播学院设有广告学和公共关系学专业。在这217所大学中:①有83所大学是既设有广告学专业,又设有公共关系学专业;②有58所大学则将广告学与公共关系学合并设置为广告与公共关系(AD/PR)一个专业;③有29所大学单独设立了广告学专业,而没有设置公共关系学专业;④另有47所大学与上述29所只设广告学专业的大学相反,它们只设立公共关系学专业,没有设置广告学专业。

需要注意的是,无论是分设广告学专业、公共关系学专业的大学,还是仅设广告学专业或公关学专业的大学,它们都在美国或在其他国家招生。另外,虽然在1993年前,广告课程或广告与公关组合的课程都包含在《我该去哪里学广告和公关?》之内,但在1993年以后,公关课程独立出去,不再属于广告课程的范围[②],并有许多大学单独成立了公共关系学专业(表3-8)。

[①] Marlene S. Neill, Erin Schauster, "Gaps in Advertising and Public Relations Education: Perspective of Agency Leaders," *Journal of Advertising Education*, 2015, 2(19), pp. 5–17.
[②] [美]John C. Schweitzer:《美国广告教育的发展研究》,李世凡译,《广告研究》(理论版)2006年第3期,第67页。

表3-8 2017年美国大学广告学专业与公共关系学专业的开设情况①

专业	大学数量（所）	设在新闻/传播学院（个）	设在传播艺术学院（个）	设在广告/公关学院（个）	设在市场/商业学院（个）	设在英语/公关/广播学院（个）	设在广告学院（个）
广告学专业、公共关系学专业	83	71	2	4	2	2	2
广告学专业/公共关系学专业	58	50	2	3	3	—	—
广告学专业	29	17	1	2	4	—	5
公共关系学专业	47	39	5	—	—	3	—
总计	217	177	10	9	9	5	7

根据表3-8，可以从中分析并得出以下三点结论。

第一，广告学专业与公共关系学专业的交叉与结合性已非常强，反映出广告教育对当代广告从业人员的素质需求有了新的调整。同时，这也显示出广告学的学科内容在不断延伸，其内在学术性不断增强。公共关系学专业的独立性倾向从侧面反映了当代传播学运用的媒体策略与传播手段已呈多元化趋势。同时，公共关系学专业的数量远超广告学专业的这一现实更显示出新的传播策略已逐渐取代一般的传播技术，成为当前美国新闻/传播学院（包括传播艺术学院）广告教育的新侧重点。

第二，广告学与公共关系学专业的交叉和结合，以及其独立性倾向，折射出美国公共关系学专业学科的归属日趋明朗。美国的广告学专业基本上可以归属于传播学范畴，但关于美国公共关系学专业的学科归属问题，根据表3-8所列的公共关系学专业所在院系情况，即在188所设

---

① 参见 Billy I. Ross, Keith F. Johnson, *Where Shall I Go to Study Advertising and Public Relations? 2017*, Advertising Education Publications, 2017。

有公共关系学专业或公关/广告学专业的大学中,有 160 所是设在新闻/传播学院,占总数的 85.1%。从这个角度看,美国的公共关系学专业应该与其广告学专业一样,基本上归属为传播学范畴。同时,雷·埃尔顿·赫伯特(Ray Eldon Hiebert)于 1971 年出版的《公共关系教育的趋势:1964—1970》(Trends in Public Relations Education 1964 - 1970)一书在梳理并概括了 20 世纪 60 年代中期至 70 年代以美国为主的公共关系教育的趋势后,认为公关知识及其成长已被教育界认定,其专业与学术地位均有提升,公共关系常被视为一个较大的学科门类(如大众传播)中十分特别的一部分。1996 年,国际传播协会(International Communication Association)将公共关系研究纳为独立的研究方向,公共关系研究正式进入传播学界。据此,可以确定,美国的教育界和学界基本上将公共关系学专业归属于传播学范畴。

第三,从广告学专业与公共关系学专业的动态发展情况看,美国公共关系学专业的发展势头已超过广告学专业。自 20 世纪末期始,将广告学与公共关系学专业合并为广告与公共关系专业成为美国大学中的一种流行趋势。根据堪萨斯大学 Bob Basow 的一项调查,1995—2003 年,广告/公关教育项目(专业)从 12 个增加到 48 个。同一时期,纯广告教育项目减少了 23 个。另外,2005 年 5 月美国新闻传播教育协会在美国 197 所大学进行的一项调查显示,在 281 个广告与公共关系专业中,公共关系学专业有 133 个,广告学专业有 95 个,广告/公关专业有 53 个。相比于 1992 年,美国高校的公共关系学专业增加了 14 个,广告学专业减少了 25 个。

二、广告学与商学/营销学的互动与整合

广告学在专业设立过程中,与商学/营销学的渊源甚深。从社会与历史的角度看,广告活动和市场营销都是商品经济发展到一定程度的产物,是市场经济孕育的结果。作为一门新兴学科,商学/营销学和广告学从一开始就紧密地结合在一起,相互影响,密不可分。研究广告学往往

需要从商学/市场营销学的角度去审视、深入,研究商学/市场营销学也必须考虑广告原理的运用。

以广告教育较为发达的美国为例,在广告学专业初兴阶段,美国大学大部分将其设在商学院(系),设于商学院(系)的广告课程则偏重广告作为市场推销的手段,讲求策略分析及管理。尽管19世纪60年代以后,美国广告学专业的学科属性逐渐向新闻/传播专业靠近,但仍有诸多大学将广告学专业设于商学/营销学名下。从表3-9看,1900—1960年,归属新闻学的广告学专业项目有30个,如果把营销、商业、贸易、经济、零售学作为一个类别,即商学来计算的话,属于商学范围的广告学专业达到38个,占当时美国开设广告学专业院系总数的52.7%。

表3-9　1900—1960年新开设广告学课程的广告学专业所在院系情况[①]

广告学专业所在院系	数量(个)
新闻学	30(具体大学名称略)
营销学	21(具体大学名称略)
商业学	12(具体大学名称略)
贸易学	2(伊利诺伊大学,1914年设立在贸易系)
经济学	2(纽约市立大学,1922年设立在经济系)
心理学	1(肯塔基大学,1925年设立在心理学系)
英语	1(堪萨斯大学,1909年设立在英语系)
哲学	1(威斯康星大学,1910年设立在哲学系)
广告学	1(长岛大学,1949年设立在广告学系)
零售学	1(菲尔莱狄更斯大学,1945年设立在零售学部)

根据1959年分别由卡内基基金会和福特基金会资助下独立发表的

[①] 参见 Billy I. Ross, Keith F. Johnson, *Where Shall I Go to Study Advertising and Public Relations? 2004*, Advertising Education Publications, 2004; Billy I. Ross, Jef I. Richards, *Advertising Education: Yesterday-Today-Tomorrow*, Advertising Education Publications, 2006, p.14。

两项研究报告,美国越来越多的广告学专业逐渐归属于新闻/传播学院,但这并不意味着美国广告学专业的学科发展放弃了商学和营销学的专业视角。长期以来,商业/管理和市场/营销都是广告教育中非常重要的内容。事实上,几乎每个大学的广告学专业都会或多或少地开设管理、市场和营销类的课程。

如今,现代广告学的学科发展正在走向一个更为开阔的学科空间。20 世纪 90 年代,舒尔茨(Don E. Schultz)等人提出了"整合营销传播"(integrated marketing communication, IMC)的新概念。在美国 2005 年《我应该到哪里去学习广告和公关?》的招生简章中,提供 IMC 专业的学校就已有 5 个,其中,西北大学的 IMC 专业在硕士阶段最为突出。西北大学于 1992 年开设该专业,广告学专业逐渐向整合广告和营销传播方向转化,随后又增加了数据营销(database marketing service, DMS)、整合流程管理(integration process management, IPM)等方面的课程。

不仅是美国,英国的广告学专业与商学/营销学的关系同样非常密切。许多设在商学院或市场/营销学院的广告学专业几乎都与商学/营销学直接关联,即使是设在传播学院或媒体学院的部分广告学专业,也与商学/营销学有关(表 3-10)。

表 3-10 英国的广告学专业与商学/营销学的关系

大学	广告学专业所在学院	广告学专业名称
新白金汉大学	商学与管理学院	广告与营销管理
		商务与广告管理
北安普顿大学	商学院	广告与设计
		广告与公共关系
贝德福特大学	媒体艺术设计学院	广告与营销传播
		广告设计
	商学院	广告与营销传播
		图形设计与广告

(续表)

大学	广告学专业所在学院	广告学专业名称
中央兰开夏大学	商学院	广告与市场传播
伦敦艺术大学	媒体学院	互动媒介广告设计
	市场营销学院	市场营销与广告
爱丁堡龙比亚大学	传播艺术学院	传播、广告与公关
阿尔斯特大学	传播学院	传播与广告
		广告语言
卡玛森圣三一学院	创新艺术和人文学院	广告与电影
		广告与媒体
创造性艺术大学学院	—	广告与品牌管理

在进入21世纪的现代广告运作中,整合营销传播已被广泛运用于广告实践,并被视为广告学理论体系的有机组成部分。整合营销传播的理念强化了将广告传播作为营销传播一部分的概念,广告所具有的传播与营销的二元特性已在现代广告的运作过程中实现了高度的互动统一。由此,今天广告传播与营销的双元理论已使广告学与商学/营销学之间加强了交叉、互融与整合。

三、广告学与会展学的近缘与重合[①]

会展学是一门新兴的边缘学科,无论是会展业强国还是会展业新兴国,各国的会展学学科理论体系还处于积累与建构阶段,各国的会展教育尚处于起步阶段,所以会展业高级专业人才十分紧缺。此外,由于现代广告的内涵不断扩大,广告公司的业务范围不断延伸,推动了诸多广告公司纷纷介入会展领域,并积极参与会展经济的各种活动。因此,现实

---

① 参考张兰欣、张健康:《会展教育:广告教学的新内容》,《当代传播》2007年第2期,第72—73页;鲁彦娟:《广告与会展》,清华大学出版社2011年版;俞华:《会展信息交流研究》,中国商务出版社2006年版。

情况已经表明,广告学与会展学之间存在近缘性与重合性。这一事实使在广告学专业中增设会展学内容成为必要。就广告学而言,会展经济的快速发展为广告学专业的学科内容提供了新的交叉点和拓展空间。广告学与会展学的诸多近缘性与重叠性在学理上主要表现在以下两个方面。

(一) 会展学和广告学同属于信息传播范畴

会展是一项信息高度聚合并在特定时空进行密集扩散的综合系统工程。会展的本质是信息交流,功能是信息传播,手段是信息技术,结果是信息传达。可以说,会展的运作始终伴以高密度、大容量的信息流动。

仅以商业会展为例,它通过展会这一特殊媒体与个性平台来进行有关产品信息集中性的展示、交流与传播。作为产品的促销工具,会展具有促进产品销售与达成交易的功能;作为信息双向交流的一种形式,会展可以收集到来自专业观众(采购商)的实时反应信息;作为公共关系,会展可以增强或提升企业的社会形象。

广告也是一种信息传播活动。从古至今,无论广告的表现形式怎样变化,广告媒体怎样发展,广告技术怎样进步,都改变不了广告具有信息传播活动的本质。许多高校将广告学专业设置在新闻院系、传播院系等正是以此为依据。

由此可见,会展学和广告学在学科机理中都具有信息传播的特性与功能,其学理中的许多内容都可归于信息传播范畴。

(二) 会展学和广告学都具有营销功能

广告(主要指商业广告)是市场经济形态下的一项重要营销手段,会展在本质上也是一种广告表现形式。因此,会展也具有很强的营销功能。

现代会展一般分为会议和展览,展览通常以商贸展会的出现为标志。市场经济的发展推动专业商展成为现代企业营销产品的一个重要平台,某一地区或某一行业的产品信息在会展这个特定的时空现场里实现高密度的聚集和集约化扩散,各个地区或各类企业既可借助会展平台来进行商品集中营销,也可借助会展平台来提升企业的知名度与美誉度,甚至一个城市也可以借助会展来推介自己的城市文化品牌,一个国家也可以通过举办国际会议或国际展览会来传播和树立自己国家与民族的国际形象。

在现代各类会议与商展中,广告可以说是无所不在,具体包括:展品陈列、橱窗展示、门面装饰、立式告示牌、卡通人物等展示广告;旗帜、气球、霓虹灯、海报、招贴、灯箱、车厢、飞艇等户外广告。此外,广告媒介更是形式多样,包括:会刊、参会指南册、展位示意图、座位卷标、宣传小册子、报纸、杂志、画册、样本、产品目录、产品说明书、明信片等印刷媒体;电子显示大屏幕、电子广告牌、电视、电台、电影、幻灯、录像、电视报纸、电话、传真、卫星等的电子媒介;手提袋、包装纸、购物袋、礼品、餐巾纸、餐桌席卡等纸质媒体。上述内容都是广告活动或广告媒体的具体表现。

这些现象清晰地表明,会展在诸多内容、形式与手段上与现代广告互通且有重合,所以在广告学的教学内容中增加会展知识是高校广告学专业开发特色方向的一个良好选择,也是广告学科与广告学专业的一个新增长点。需要指出的是,广告教学在增加包括会展知识在内的诸多其他学科内容时不能弱化或失去广告学原有的专业特性,应把会展作为广告学专业内容延伸的一项要素或补充来对待。

总结而言,上述广告学与公共关系学的交叉与关联、广告学与商学/营销学的互动与渗透、广告学与会展学的近缘与重合,表明学科的交叉和融合正日益成为当今高等教育发展的一个重要趋势。广告学科内容的延伸与发展必定会使其成为一门学理更加严谨、应用范围更加广泛、内涵不断扩展的新兴专业。在广告学的大方向下,广告教育的学理与内容需要不断建构、创新、变革,与时俱进,以应对日新月异的新媒体时代,并迎接以信息化、大数据、人工智能为特征的新科技革命时代。

第四章　国外高校广告教育的主要模式与基本特点

教育模式一般指教育理论与教育实践及各教育要素综合为一体的一种简约范式。由此,广告学专业的教育模式指对广告教育的理念、目标、体系、方法、手段、实践、社会评价等要素之间关系的一种直观、简洁的描述,它能够清晰地表明广告教育的内质结构、教学过程、实践活动、学科外延等主要构成及相互关系。

广告教育模式的科学与否对其所服务的广告产业具有决定性影响。美国、日本和西欧是当今世界广告业最发达的国家和地区,根据前瞻产业研究院2018年整理的《Global Intelligence》数据,2017年全球广告费用支出前十名的国家的广告市场规模合计为4 254亿美元。其中,美国为1 975亿美元(占全球广告市场份额的46.4%),日本为430亿美元(占全球广告市场份额的10.1%),英国为244亿美元(占全球广告市场份额的5.7%),德国为221亿美元(占全球广告市场份额的5.1%),韩国为118亿美元(占全球广告市场份额的2.8%),法国为117亿美元(占全球广告市场份额的2.7%),澳大利亚为116亿美元(占全球广告市场份额的2.7%),加拿大为97亿美元(占全球广告市场份额的2.3%)。美国、日本和西欧等发达国家和地区的广告业几乎占据世界近3/4的市场份额。美国、日本和西欧广告产业的发达,无疑与它们拥有的领先的广告教育水平及成熟的广告教育模式分不开。

由于各国在政治、经济和文化等方面具有不同特质,当前世界广告教育强国的广告教育也由此形成了不同的运作模式。

美、英两国存在很深的历史渊源,在文化教育上有相似性,在广告教育模式上也有众多共同点(自然也有明显的区别);具有浓厚东方文化色彩且受现代西方文化深刻影响的日本,其广告教育模式具有自身的明显特色。一般而言,美国的广告教育模式主要为"大学式",英国的广告教育模式主要为"跨学科式",日本的广告教育模式主要为"公司式"(表4-1)。

表4-1 美、英、日三国的广告教育模式与学科情况

国家	主要的广告教育模式	广告学专业的学科归属
美国	大学式	新闻学/传播学
英国	跨学科式	商学/艺术学
日本	公司式	商学/社会学/艺术学

当然,一个国家的广告教育模式并不是单一的或绝对的。实际上,美国有许多广告公司也在通过内部方式来培训广告人才,只不过美国的大学是培养广告人才的主流阵地。同样,日本的许多大学开设了大量广告讲座,但其大型广告公司因在广告教育方面处于强势地位也成为培养优秀广告人才的主要平台。因此,在研究一个国家的广告教育模式时,不能忽略该国其他的广告教育方式或方法。中国、韩国、澳大利亚等国家作为当代广告产业发展迅速的新兴国家,其广告教育模式也具有独特性。正是各国广告教育模式的差异性,构成了当代广告教育的争鸣、繁荣与可持续性。因此,深入研究当代广告产业发达国家的各种不同的广告教育模式,对于高校广告教育模式的选择与创新具有重要的启示与借鉴意义。

第一节 美国的"大学式"广告教育模式

美国广告人才的培养方式基本上采用传统的"大学式"教育模式

(图4-1)。需要指出的是,美国各大学的广告教育模式框架基本类似,但在具体内容上不尽相同。比如,美国130多所大学的广告学专业所在的院系就不相同(有的设在新闻/传播学院,有的设在商学/市场学院等),广告学专业设置的方向也不一样(有的为广告学方向,有的为广告与公关方向等),教学理念与目标也有差异(有的侧重实践应用性,有的侧重理论创新性),教学内容更是各具特色,几乎各校都有自己的特点。

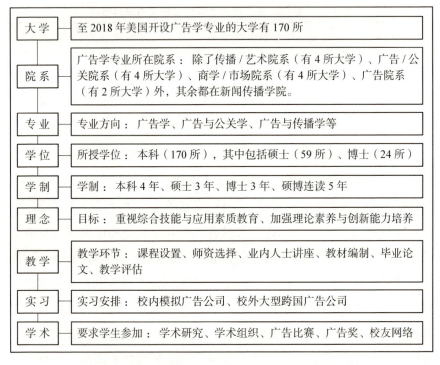

图4-1 美国"大学式"广告教育模式示意图

本节选择密苏里大学、田纳西大学和得克萨斯大学这三所在广告教育的诸多方面各具代表性和典型性的大学作为解读美国"大学式"广告教育模式的个案范例,通过对这些个案的梳理与论述,以及与其他国家的广告教育模式进行比较和分析,提炼和归纳其内在的规律和特点。

一、密苏里大学的广告教育模式

地处美国中部的密苏里大学不仅是全美最早(1908年)开设广告课程的大学,也是世界上最早(1913年)单独成立广告学专业的高校,由此奠定并深刻地影响了美国甚至世界早期广告学专业的基本范式和发展方向。

密苏里大学广告学专业教育的发展过程是美国典型的"大学式"广告教育模式。多年来,这一教育模式基本上没有大的改变(表4-2)。

表4-2 密苏里大学的广告学专业情况①

模式要素	主要内容	
专业名称	广告/策略传播 (AD/Strategic Communication)	2004年,其专业名称为广告学;2008年改为策略传播(这是目前美国高校中广告项目的另一个常用的代名词)
设置时间	1913年	1908年,开设广告课程;1913年,在新闻学院创建美国的第一个广告学专业,也是世界上第一个广告学专业
所在学院	新闻学院	密苏里大学于1908年创建了世界上第一个新闻学院
培养目标	广告业界的精英	专业理念:注重实践、培养品德、鼓励创新
授予学位	学士(1913年)、硕士(不详)、博士(1934年设,为新闻哲学博士)	是目前美国24所具有广告学方向的博士学位点的大学之一
学制学期	本科4年制,硕士2年,博士3年,硕博连读5年	研究生授课方向分为实用型和研究型

---

① 参见密苏里大学新闻学院网站:http://journalism.missouri.edu/strategic。

(续表)

模式要素	主 要 内 容
课程设置	一、本科具体课程名称 1. 共同课(6门,18—19个学分) 　　新闻事业探索(Career Explorations in Journalism,1个学分)、美国新闻原则(Principles of American Journalism,3个学分)、跨文化新闻(Cross-Cultural Journalism,3个学分)、新闻(News,3个学分)、美国新闻史(History of American Journalism,3个学分)、传播法(Communications Law,3个学分)、顶点课程(The Sequence Capstone Course,3个学分) 2. 专业必修课(5门,15个学分) 　　传播策略原则(Principles of Strategic Communication,3个学分)、设计和视觉策略Ⅰ(Strategic Design and Visuals Ⅰ,3个学分)、传播策略研究Ⅰ(Strategic Communication Research Ⅰ,3个学分)、写作策略Ⅰ(Strategic Writing Ⅰ,3个学分)、活动策略(Strategic Campaigns Capstone Course,3个学分) 3. 建议广告学专业学生选修课(5—6门,15—18个学分) 　　账户服务(Account Services)、创意技巧(Creative Techniques)、公关技巧(Public Relations Techniques)、互动技巧(Interactive Techniques)、策略传播技巧(Strategic Communication Techniques)、策略写作Ⅱ(Strategic Writing Ⅱ)、媒体销售(Media Sales)、高级媒体销售(Advanced Media Sales)、广播广告(Broadcast Advertising)、创意投资(Creative Portfolio)、媒体战略计划(Media Strategy and Planning)、策略传播管理(Management of Strategic Communication)、公共关系(Public Relations)、全球传播(Global Communications)、广告对美国文化的冲击(Impact of Advertising on American Culture)、策略设计和图形Ⅱ(Strategic Design and Visuals Ⅱ)、策略传播法规和道德规范(Strategic Communication Law and Ethics)、策略传播实习课(Strategic Communication Practicum) 二、硕士具体课程名称(2年制须获得43个学分) 1. 核心课程(Program Core,12个学分) 　　大众媒体研讨会(Mass Media Seminar)、定性研究方法Ⅰ(Qualitative Research Methods Ⅰ)或先进的定量研究方法(An Advanced Quantitative Methods Course),以及下列的任意一门:传播法(Communications Law)、新闻哲学(Philosophy of Journalism)、大众媒介历史(History of Mass Media)、媒介伦理(Media Ethics) 2. 广告学专业核心课程(Advertising Core,15个学分) 　　策略写作Ⅰ(Strategic Writing Ⅰ)、策略设计和图形Ⅰ(Strategic Design and Visuals Ⅰ)、广告心理(Psychology of Advertising)、媒介策略和计划(Media Strategy and Planning)、策略性活动(Strategic Campaigns)

(续表)

模式要素	主 要 内 容
	3. 广告学专业选修课(6个学分,下列每门课程为3学分) 　　策略写作Ⅱ(Strategic Writing Ⅱ)、高级媒介销售(Advanced Media Sales)、策略设计和图形Ⅱ(Strategic Design and Visuals Ⅱ)、广播广告(Broadcasting Advertising)、直邮广告(Direct and Mail Order Advertising)、策略传播管理(Strategic Communication Management)、公共关系(Public Relations)、社区报纸(The Community Newspaper) 4. 广告策略传播专业(10个学分) 　　下列专业项目(Professional Project)选一: 　　① 硕士项目研讨会(MA Project Seminar,1个学分)、新闻领域问题(Area Problem in Journalism,9个学分) 　　② 论文(Thesis)、硕士论文研讨会(MA Thesis Seminar,1个学分)、新闻研究(Research in Journalism,9个学分) 5. 策略传播专业(核心课程6个学分) 　　策略传播研究Ⅱ(Strategic Communication Research Ⅱ)、策略传播计划原则和方法(Principles and Tools in Strategic Communication Planning) 6. 策略传播选修课(12个学分) 　　受众和消费者行为(Audience or Consumer Behavior)、管理(Management)、实习(Internship) 三、5年制硕博连读研究生课程 1. 核心课程(9个学分) 　　课程同2年制 2. 专业课程(8学分) 　　策略传播(Strategic Communication Core)、传播实践(Communications Practice)、策略传播研究Ⅱ(Strategic Communication Research Ⅱ)、策略传播原则和方法(Principles and Tools in Strategic Communication) 3. 选修课(30个学分,下列每门课程为3学分) 　　新媒体基础(New Media Basics)、杂志编辑(Magazine Editing)、报告(Reporting)、杂志设计(Magazine Design)、电子新闻摄影(Electronic Photojournalism)、国际新闻媒体系统(International News Media Systems)、网络新闻(Online Journalism)、媒介经营管理(Media Management and Leadership)、信息控制(Controls of Information)、大众传播理论(Theory of Mass Communication)、国际传播理论(Theory of International Communication)、信息理论(Information Theory)、商业法规(Business/Law Regulation)、组织行为与管理(Organizational Behavior & Management)、营销管理(Managerial Marketing)、营销研讨会(Seminar in Marketing)和科学、健康和环境写作(Science, Health & Environmental

(续表)

模式要素	主要内容	
	Writing)、科学、社会及新媒体(Science, Society & News Media) 四、博士具体课程 　　博士研讨会(Doctoral Seminar)、计划与研究(Plan of Study)、语言与工具要求(Language/Tools Requirement)、能力测试(Comprehensive Examination)	
师资情况	广告学系约有 20 名教师。其中，教授和副教授的占比约为 60%。他们大多毕业于新闻学、大众传播学、经营管理、广告艺术等专业，并具有媒体、广告、营销等领域的从业经验	
学术组织	AAF、ADS 等（要求学生积极参加）	

总结而言，密苏里大学的广告教育模式有以下六个特点。

第一，密苏里大学是美国"大学式"广告教育的先驱。早在 1898 年，密苏里大学就在商学与市场学的课程中教授广告学知识。1908 年，沃尔特·威廉姆斯(Walter Williams)任密苏里大学新闻系主任之后，他在新创立的世界上第一所新闻学院里开设了第一门广告课程——广告与发布(Advertising and Publishing)，由查尔斯·罗斯(Charles G. Ross，后来成为杜鲁门总统的新闻秘书)主讲。1913 年，密苏里大学新闻学院正式单独设置了美国的第一个广告学专业。从此，广告学成为美国的一门新兴专业，密苏里大学也因此被称为美国"大学式"广告教育的鼻祖，成为 20 世纪初期美国高校广告教育的一个参照范本。

第二，密苏里大学较早地将广告学专业的学科归属于新闻/传播类，其广告学专业从成立伊始就设置在新闻学院。这与当时纽约大学、西北大学将广告学专业设置在商学院截然不同。

第三，密苏里大学广告学专业的课程体系对美国其他高校的广告学专业课程设置具有重要的影响和指导作用。由于密苏里大学是美国最早正式设立广告学专业的大学，其初创的广告学专业课程体系偏重于新闻/传播学，而当时纽约大学和西北大学广告学专业的课程设置则倾向于商学。因此,当20世纪30年代许多大学新设广告学专业并将其设置在新闻/传播学院系后,密苏里大学广告学专业的课程体系自然会成为这些大学的参考范本。特别是密苏里大学本科广告学专业的"通识课注重理论,必修课注重实践,选修课注重新媒体与创新"的教学理念,成为20世纪50年代广告学专业归属于新闻/传播学科后的各高校广告学专业制定课程规划时的参考模本。

密苏里大学早在1934年就开始招收广告学方向的博士研究生(授新闻哲学博士学位),硕士与博士研究生的培养分为两年制(硕士)和五年制(硕士与博士连读),在研究生授课上分为实用型和研究型两个方向。这种"双规制"的研究生教育体制成为许多大学开设广告学专业时的模仿对象。

第四,密苏里大学广告学专业的培养目标具有前瞻性。密苏里大学在1913年初创广告学专业时就提出,"根据学习新闻的基本原则,广告学专业教学的重点应放在训练学生具有清晰的思路、锻炼学生获得良好的写作能力和有效的沟通传播上。因此,除了培养学生的专业职业技能,还必须注重学生的品质培养以及后续发展潜力"。密苏里大学广告学专业的教学理念指出,"实践出真知:无论是新闻、通信还是广告学专业,我们都需要提供大量的实习机会;无论是出版物、行业、机构、竞赛,以及咨询或专业委员会的工作……需要我们设置广泛的学术科目,如从政治学、心理学、文学、计算机科学、美学和商业等角度开课,丰富内涵……要创造一个对学生、教师、管理和工作人员都具有挑战性的环境,保护学术自由,鼓励创造性活动和研究"①。

第五,密苏里大学创建了美国最早的广告教育的协会组织。1913年,密苏里大学的约翰·鲍威尔、H.J.麦凯、雷克斯·马吉、盖伊·特雷尔等八位成员在密苏里大学成立了全国广告同盟会(简称ADS)。约

---

① 详情参见密苏里大学新闻学院网站:https://journalism.missouri.edu/strategic。

翰·鲍威尔当选为第一任主席。这个组织的宗旨有三个：首先，把广告领域的学生和从业者组织起来；其次，为这些人提供更多和更高规格的培训；最后，使用合法手段提高广告业及其从业者的影响力和声望。虽然同盟会的成员大部分是学生，但不少教师和广告业界人士也被邀请加入其中。同盟会为学生、教师和从业者设立了种类繁多的奖项。1963年，同盟会在芝加哥举行了五十周年纪念大会，向100位为广告业界和ADS作出重要贡献的人颁发了本杰明·富兰克林金奖章，其他的奖项还包括西德尼·伯恩斯坦（Sidney T. Bernstein）咨询者奖、广告杰出教育者奖等。

1913—1966年，ADS逐步发展壮大，协会成员多达19 000人。在1967年的全国大会上，ADS与另一个广告组织Gamma Alpha Chi进行了很多工作上的联系和沟通。经过5年的讨论与磋商，该组织于1970年秋并入ADS。1973年，ADS正式并入位于华盛顿的美国广告协会，但Alpha Delta Sigma的名称仍被沿用，称为Alpha Delta Sigma荣誉社（Alpha Delta Sigma Honorary Society）。其学生成员的要求相对比较高，要求本科生的GPA不低于3.25分，研究生的GPA必须高于3.6分。

第六，密苏里大学的广告教学模式获得社会与业界的承认和好评。由于密苏里大学的教学模式为学生在真实的媒体环境和战略传播机构中提供了实际操作经验，其教学质量受到社会与业界的普遍好评。有资深广告从业者说："密苏里大学的生源是万事俱备的毕业生，加入广告公司的第一天他们就可以上手做项目！"①其结果是，该校毕业生在美国乃至世界各主流媒体的表现十分活跃，成绩突出，每年的就业率和起点薪资方面都在美国高校中名列前茅。当前，美国许多最优秀的广告工作者中有相当一部分人毕业于密苏里大学，其中有不少人先后获得过克里奥广告奖（Clio Awards）、莫比广告奖（The Mobius Awards）和纽约广告

---

① 详情参见密苏里大学新闻学院网站：https://journalism.missouri.edu/strategic/。

奖(New York Festivals)——这是美国关于广告设计、制作与创意大赛的三项最高荣誉。

二、田纳西大学的广告教育模式

成立于1794年的田纳西大学坐落于田纳西州东部的诺克斯维尔市(Knoxiville),是田纳西州最古老、规模最大的学府,也是美国南部大型公立大学之一。虽然田纳西大学是一所以农业学科和工程学闻名的学府,但它的广告学专业并不逊色于它们。深厚的文化积淀、独特的人文气息和别具一格的学术研究方式是田纳西大学得以跻身美国一流大学的主要因素。

田纳西大学的广告学专业隶属于传播与信息学院,学院下设广告与公共关系系、传播研究系、信息科学系和新闻与电子媒介系。广告与公共关系系中又设有广告学、公共关系学两个专业。田纳西大学的广告学专业成立于1947年,广告学硕士学位设置于1968年,广告学专业博士学位授予权始于1974年。

田纳西大学的广告学专业是20世纪五六十年代美国广告学从商学转向新闻/传播学时期的重要代表之一,也是美国"大学式"广告教育模式的典型代表。半个多世纪以来,田纳西大学广告学专业的教育模式已成为美国许多大学广告教育的范式缩影(表4-3)。

表4-3 田纳西大学的广告学专业情况[①]

模式要素	主 要 内 容
专业名称	广告学专业、公共关系学专业,隶属于传播与信息学院下的广告与公共关系系,是田纳西大学最受欢迎的两个专业
设置时间	1947年成立广告学专业。具体而言,1947年设置学士学位,1968年设置硕士学位,1974年获博士学位授予权

---

① 参见田纳西大学传播与信息学院网站:https://cci.utk.edu/advpr。

(续表)

模式要素	主 要 内 容	
所在学院	传播与信息学院,下设四个系,广告与公共关系系是其中的一个系	
培养目标	理念:创新、诚实、卓越。学生应具有如下素质:知识分子的好奇心和批判性思维、发明与创新能力、全球意识和文化多样性、诚实和正直的品格、创造力、社会责任感、领导力等	
授予学位	学士、硕士、博士。具体而言,有 2 个硕士学位点:传播与信息科学(Master of Science in Communication and Information)、信息科学(Information Science);1 个博士学位点:传播与信息哲学(Doctor of Philosophy in Communication and Information)	
学制学期	本科 4 年制,硕士 2 年,硕博连读 5 年制	研究生授课方向分为实用型和研究型
招生情况	研究生招生要求(仅秋季招生):1. GRE 各分项在 50% 以上;2. 具有相关工作经验	
课程设置	一、本科课程名称 1. 本科专业课程(学生须完成其中的 6 门) 　　广告理论(Advertising Theory)、营销策略(Marketing Strategy)、广告设计和制作方法(Advertising Design and Production Methods)、活动策划方法和技巧(Campaign Methods and Techniques)、媒体管理(Media Management)、经营管理的相关原则(Related Principles of Business Management) 2. 本科选修课程(学生须完成其中的 6 门) 　　传播与信息(Communication and Information)、外语(Foreign Language)、人类学(Anthropology)、英语(English)、数学(Mathematics)、历史(History)、广告(Advertising)、公共关系(Public Relations)、英语文献选修(English Literature Electives)、经济学(Economics)、统计学(Statistics)、会计学(Accounting)、心理学(Psychology)、经营管理(Business Administration)、传播研究(Communicaton Studies)、营销学(Marketing)、管理学(Management)。 二、博士核心课程 　　传播与信息(Communication and Information)、策略(Statistics)	
师资情况	广告与公共关系系共有 16 名教师,其中的大多数教师拥有新闻传播学领域的博士学位	
学术组织	美国公关学生协会(Public Relations Student Society of America,简称 PRSSA)、大学广告俱乐部(The University Advertising Club)等	

田纳西大学的广告教育模式具有以下三个特征。

第一,它是 20 世纪五六十年代美国广告教育事业蓬勃发展时期的一个范例。1945—1949 年,美国有 16 所大学新开设广告学课程。到 1950 年时,美国已有 61 所大学开设广告学课程,有 43 所大学设置广告学专业——成立于 1947 年的田纳西大学就是其中的一所。

到了 20 世纪 60 年代,美国开设广告学专业的大学增加了 16 所,总数达到 59 所。与此同时,田纳西大学于 1968 年开设硕士课程,并于 1974 年设置博士学位课程。

当前,田纳西大学的广告与公关系有两个专业,即广告学和公共关系学,它们是田纳西大学中最受学生欢迎的两个专业①。该系有 13 名全职教师,大约有 350 名毕业生平均分布于这两个专业,另外还有不少于 30 名的硕士生和博士生。其教学和研究上的卓越成绩使该专业在国际上享有良好的声誉。

第二,广告与公关系的命名具有非常强烈的开拓性与前瞻性。20 世纪 60 年代,美国许多大学的广告学专业纷纷从商学/市场学院系转向新闻/传播学院系,同时接连创办广告学或公共关系学专业。与此同时,田纳西大学恰逢其时地组建和成立了广告与公共关系系,将广告学与公共关系学这两个新兴的、学理相近的专业设于同一个系内。用今天的眼光看,这无疑是颇具前沿性与战略性的举措。在当今的美国,广告学专业与公共关系学专业的互动与融合已是美国广告教育中的一大趋势。在 21 世纪初,美国开设广告学专业的 137 所大学中,有 44 所大学的广告学与公共关系学合并为一个专业——广告与公关专业。另外,佛罗里达国际大学、波士顿大学、宾夕法尼亚州立大学直接设立广告与公共关系系,还有 80 所大学的广告学专业与公共关系学专业共处于一个院系。

---

① 参见田纳西大学传播与信息学院网站:https://cci.utk.edu/advpr。

第三，田纳西大学的教育理念与培养目标是当时美国大学广告学专业的普遍主旨取向。其广告学专业（包括公共关系学专业）的教育理念是：首先，极力培养学生具有创新意识，使学生既有知识分子的好奇心和批判性思维，又有发明、创新的能力；其次，大力塑造学生的个人品质，使学生具有全球意识和诚实、正直、社会责任感等优良素质；最后，全力拓展学生的视野，使学生真正获得整合理论、实践经验及交叉学科的知识。在对学生的具体培养目标方面，田纳西大学旨在培养学生成为具备广告学理论与技能、宽广的文化与科学知识，能在新闻媒体、广告公司、市场调查、信息咨询等行业从事广告经营管理、广告策划创意、广告设计制作、市场营销策划及市场调查分析工作的广告学高级人才。

田纳西大学广告学专业的教育理念与培养目标实际上体现和代表了 20 世纪 60 年代以来美国高校广告学专业教育的普遍价值取向，即重视综合技能与应用素质教育，强化对理论素养与创新能力的培养。

三、得克萨斯大学奥斯汀分校的广告教育模式

得克萨斯大学奥斯汀分校的广告学系设在传播学院，该院还设有传播系、新闻系、广播电视系和电影系。

1948 年，该校在商学院（1947 年招收广告方向的硕士）和新闻学院（1953 年招收广告方向的硕士）都设立广告学专业；1960 年后，广告学专业从商学院撤出，归于新闻学院。1974 年秋，得克萨斯大学奥斯汀分校组建了传播学院，广告学专业又归属于传播学院，并成立广告学系。得克萨斯大学奥斯汀分校的广告学系是美国大学中为数不多的专为广告学专业单独列系的大学之一，也是目前全美广告教育规模最大的大学之一。此外，它还是美国高校中唯一能授广告学博士学位的大学（其他大学的广告学专业提供的是新闻传播学博士学位）。因此，得克萨斯大学奥斯汀分校的"大学式"广告教育模式相当正统（表 4-4）。

表 4-4　得克萨斯大学奥斯汀分校的广告学专业情况①

模式要素	主 要 内 容
专业名称	广告学系(本科设四个方向,即广告创意、媒介策划、互动广告和公共关系,是当今美国为数不多的将广告学专业单独列系的大学之一)
设置时间	1948年,在商学院(1947年招收广告方向的硕士)和新闻学院(1953年招收广告方向的硕士)建立了广告学专业;1960年后,商学院的广告学专业撤出,归于新闻学院;1974年传播学院成立后,广告学专业直接归于其中
所在学院	传播学院(下设广告学系、传播系、新闻系、广播电视系和电影系)
培养目标	提倡理论联系实践的哲学
授予学位	学士、硕士、博士(是美国唯一提供广告学博士学位的大学)
学制学期	本科4年制;硕士分为2年制、3年制;博士为5年制(在研究生授课方面分为实用型和研究型)
课程设置	一、本科生的主要课程 1. 核心课程 　　广告简介(Introduction to Advertising)、创意简介(Introduction to Creativity)、广告调查(Advertising Research)、广告媒体计划(Advertising Media Planning)、整合传播活动(Integrated Communication Campaigns) 2. 专业课程 　　广告流行文化(Advertising Pop Culture)、网络广告(Advertising on the Internet)、广告原则(Fundamentals of Advertising)、创意与美国文化(Creativity and American Culture)、广告心理学(Psychology of Advertising)、跨国和跨文化广告的问题(Issues in International and Cross-cultural Advertising)、广告的历史与发展(History and Development of Advertising)、互动实习(Interactive Internship)、媒体实习(Media Internship)、广告经营(Advertising Management)、广告与社会(Advertising and Society)、高级媒介策划(Advanced Media Planning)、数字媒体(Digital Media)、数字媒体研讨会(Digital Media Seminar)、媒体联盟(Media Alliances)、媒体调查(Media Research)、媒体销售(Media Sales)、媒体展示(Media Show)、文案写作(Copywriting)、数字测量及网络隐私(Digital Metrics and Online Privacy)、非营利组织的整合传播(Integrated Communication for Nonprofit Organizations)、非传统的媒体概念(Non-Traditional Media Concepts)、品牌组合建设(Team Brand Building)、艺术指导(Art Direction)、投资组合(Portfolio)、媒介法规与伦理(Media Law and Ethics)

---

① 参见得克萨斯大学奥斯汀分校广告学专业网站:https://advertising.utexas.edu。

模式要素	主 要 内 容
	二、硕士研究生的主要课程 　　劝服性传播理论（Theories of Persuasive Communication）、会计计划（Account Planning）、媒介管理（Media Management）、广告中的多元文化问题-理论研究（Multicultural Issues in Advertising-Theories and Research）、战略性广告管理（Strategic Advertising Management）、创意策略（Creative Strategies）、整合传播管理（Integrated Communication Management）、高级广告研究（Advanced Advertising Research）、非营利组织的品牌和内部传播（Branding and External Communication for Nonprofit Organizations）、传播科学（Communicating Science）、体育整合传播（Integrated Communication for Sports）、理解非营利组织的受众（Understanding Audiences for Nonprofits）、投资组合（Portfolio）
	三、博士研究生的主要课程 1. 四门必修课程：广告战略理论（Strategic Advertising Principles）、媒介管理学（Media Management）、市场营销基础（Foundations of Marketing）、统计学课程（A Statistics Course） 2. 课程论文、论文答辩、独立的学术研究成果（论文、报告等） 3. 提交论文开题报告并获得学生论文委员会的通过；在论文指导教授的指导下完成论文；在论文委员会（至少5位教师参加）前口头答辩并通过
师资情况	共有18名教师，大部分拥有博士学位
学术组织与学术成果	出版广告学专业白皮书，主办《互动广告》（Journal of Interactive Advertising）杂志；具有重要影响的学术研究成果：于2006年出版《广告教育的昨天、今天与明天》；1995年、2000年分别以"About the Future of Advertising"和"Thoughts about the Future of Advertising Education"为主题出版广告学专业白皮书

得克萨斯大学奥斯汀分校的广告教育模式具有以下五个特征。

第一，它是美国大学广告学专业从商学与传播学这两个源头归并于传播学科这一变化过程的典型代表之一。得克萨斯大学奥斯汀分校自1914年起就在其大学讲坛上开设广告课程，并于1948年在商学院和新闻学院分别建立了广告学专业。当时，学生就读广告学专业可以选择商学院，也可以选择新闻学院。两者的区别在于其广告学专业侧重的方向不同：商学院市场营销系的广告学专业侧重于商学，提供的是工商管理学学士学位；新闻学院的广告学专业侧重于传播学，提供的是新闻学学士学位。1962年，受福特基金会和卡内基基金会分别发表的两份研究报告的影响，得克萨斯大学奥斯汀分校从商学院撤出了广告学专业，并将其转移到新闻学院。1974年秋，得克萨斯大学奥斯汀分校组建传播学院，广告学专业又归属于传播学院，并成立广告学系。由此，该校成为美国大学广告学专业从商学与传播学这两个源头归并于传播学这一变化过程的典型代表之一。

第二，它是美国大学中为数不多的为广告学专业单独列系的大学之一。美国大学的广告学专业一般都属于新闻/传播学院或新闻/传播学系，而将广告学专业单独列为广告系的大学，全美目前只有4所，除了得克萨斯大学奥斯汀分校以外，还有伊利诺伊大学、密歇根州立大学、内布拉斯加大学。

第三，它的广告学博士学位在美国首屈一指。截至2017年，美国有24所大学的广告学专业设有博士学位点，但其中只有得克萨斯大学奥斯汀分校一所大学能够提供广告学博士学位，纽约市立大学提供的是商业/营销学广告方向的博士学位，其他23所大学的广告博士学位都是设在一个宽泛的广告学专业方向下，被授予新闻/大众传播学广告方向的博士学位。因此，得克萨斯大学奥斯汀分校的博士学位课程就具有了独特的个案意义。

得克萨斯大学奥斯汀分校广告学博士研究生的课程主要包括三个方面，即课程论文、论文答辩、独立的学术研究成果（论文、报告等）。博士研究生要求全职攻读，每年的5月份举行博士研究生招生考试。虽然该校对于学生在多长时间内完成学业没有严格的时间限制，但大部分学生都会在每年完成18—24个学分，再花9—12个月的时间撰写论文。

除了完成课程论文，学生还必须参加学生学习计划要求的每个相关领域的写作与口语考试，提交论文开题报告并获得学生论文委员会的通过，在论文指导教授的指导下完成论文，在论文委员会（至少5位教师参加)前口头答辩并通过。

在论文答辩前,学生需要先完成四门必修课程,即广告战略理论、媒介管理学、市场营销基础、统计学课程。

第四,它的教育培养目标在美国学界具有指导意义。得克萨斯大学奥斯汀分校广告学专业的教育哲学是"理论加上实践",其目的是真正使本科生和研究生实现跨学科、跨平台的发展。为了更好地将学术界和产业界衔接,其广告教育的理念与目标具体分为三个方面的内容。首先是创新思维,其广告学专业的课程内容有大品牌构想、概念思维、协作和创造性发展等方面的创新理论内涵,并通过一系列培训班和研讨会讲解美术指导、写作等流程,在学生从学校毕业之前为他们提供丰富的实践活动和实战经验,这非常有利于学生毕业后的职业发展。其次是运用新媒体,即帮助学生了解广告媒体,制订合理的计划,以及有效地评估新媒体。由于广告是一个飞速发展的行业,根据现实需要,学校设置了各种课程让学生集中学习新媒体,以适应行业发展。最后是拓宽知识面。由于学生需要更好地了解广告、直销及其他形式传播的互动交流,所以学校积极鼓励学生探索与数字媒体相关的基础性课题,拓展创造性和批判性思维技能,为他们以后在业界的发展打下坚实基础。

第五,它的师资力量雄厚,学术成果突出。得克萨斯大学奥斯汀分校广告学专业的师资力量十分雄厚,其中的大部分教师拥有博士学位。教师们在学术研究中的个人兴趣表现各异,涉及许多领域和主题,如消费者行为研究、广告创意研究、网络广告研究、媒介研究、市场与网络研究、广告管理(医药广告)及整合营销传播等。近年来,得克萨斯大学奥斯汀分校广告学专业的学术成果丰硕:在 1995 年、2000 年分别推出了以"About the Future of Advertising""Thoughts about the Future of Advertising Education"为主题的白皮书;由比利·罗斯等人合作撰写的《广告教育的昨天、今天与明天》(2006 年版)等著作先后由得克萨斯大学奥斯汀分校广告学专业出版;由得克萨斯大学奥斯汀分校广告学专业主办的杂志《互动广告》也是享誉国际广告业界和广告学界的重要杂志。

第二节 日本的"公司式"广告教育模式

日本的广告教育与美国的"大学式"广告教育模式不同,它实行的是大学广告讲座教育与广告公司实务培训教育并行的"双轨制"广告教育模式。

一、大学与公司的"双轨制"广告教育

日本设广告学专业的大学较少,多是开设广告讲座,听众主要是对广告感兴趣的大学生,讲座的主题大都以广告学的基本理论为主,广告教育中的实务部分则主要是在广告公司的内部完成(图4-2)。

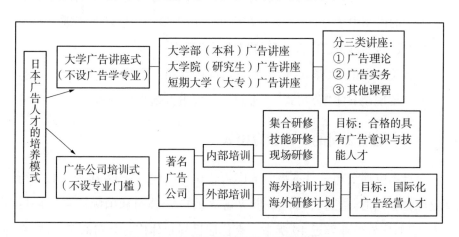

图4-2 日本的"双轨制"广告教育模式

关于日本广告教育为何实行大学理论讲座与公司实务培训的"双轨制"模式,一般认为是基于以下两方面的原因。

一方面,广告学是一门实践应用性极强且涉及专业知识面很广的专业。日本业界普遍认为,大学的广告教育主要承担的是培养学生基本广

告素养和广告理论知识的任务,不可能进行非常专业的广告技能教育。由此,日本大学的广告教育通常实行的是开设广告理论讲座的方式。

另一方面,日本大学开设广告讲座的老师大都来自广告业界一线,长期的工作实践使他们具有丰富的经验。时任日本电通高级执行创意总监镜明先生曾这样说道:"广告是与社会息息相关的东西,把广告学科当作理论研究不能等同于怎样学习广告。广告是一个非常灵活的东西,学习创意、制作广告更多的是一种感性的认识,最重要的是要把握对市场的实际感受。如果能够把这一点教给年轻人,我认为任何培养模式都是可以的。"[①]由此,日本诸多广告公司自觉地承担起广告教育中的实务培训这部分任务。

随着广告产业的发展和广告理论的完善,日本诸多大学开设的广告讲座的数量在逐年增长,研究生(包括博士生)的广告讲座数量也日渐增多。与此同时,著名广告公司的广告教育也在不断贯彻"理论到实务"的理念,只不过目前日本的广告教育仍然是分两部分进行,即广告理论一般在大学的讲座中学习,广告实务在广告公司里培训。这就是当前日本的"大学式"与"公司式"广告教育的"双轨制"模式。

有关日本的"大学式"广告教育情况已在第二章第二节中作了说明,本节主要围绕日本"公司式"广告教育情况展开梳理和分析。

二、电通公司的广告教育模式

日本电通公司是日本最大的广告公司,在日本广告界居于很高的行业地位。同时,电通公司也是世界著名的广告公司和国际广告界的巨人,它的广告营业额近40年来一直位居世界单体广告公司的第一位,在国际广告业界享有很高的信誉。

电通公司能够发展到今天,与其拥有大量优秀的广告人才分不开。同时,这些优秀的广告人才的培养又与电通公司的广告教育模式分不开

---

① 陆斌、远藤奈奈:《日本广告教父镜明》,《现代广告》2006年第9期,第56页。

（图4-3）。

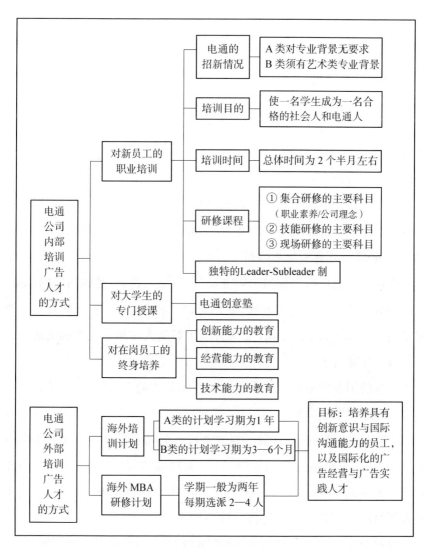

图4-3 电通公司的广告教育模式

电通公司是一家大型跨国企业，其广泛的经营范围与较快的业务发展自然需要补充和培养大量的优秀广告人才，每年需要招收150名左右的新员工。电通广告公司培养所需人才的方式是公司内部培养与公外部培养相结合。前者是电通公司培养人才的主要方式,后者为辅助方式。

(一) 电通公司内部培养广告人才的方式①

电通公司内部培养广告人才的方式具体可以分为三种:①对电通新员工进行正规的职业培训,为电通培养和输送新的、优秀的广告人才;②针对大学三年级学生招生,并对他们进行广告理论与创意方面的经常性授课,为电通培养和扩大潜在的优秀广告人才;③对电通在岗员工进行终身的广告教育,为电通保持一个稳定、始终进取的人才梯队。

电通公司这种内部培养广告人才的模式及其三种具体实施形式是电通公司在激烈的市场竞争中得以长期保持快速发展优势的根本原因。

1. 电通的新员工职业培训

在日本大众传媒领域的求职方面,广告位居榜首,是最热门的职业。在广告人才竞争最激烈的电通,我们可以从招新特点、新入职员培训流程及独特的 Leader-Subleader 制等方面了解其人才培养模式的概况。

(1) 电通招新

电通的招新主要分为综合职位和艺术职位两类,在对新人的评价指标中,个性与团队精神通常是被尤其看重的。从一个新人进入公司的前 7 年都算人才培养的早期,最重要的是进入公司后最初一个半月的新入职员培训,主要包括基础知识学习、营业现场实习、基础知识巩固三个阶段。电通的 Leader-Subleader 制是继承和发扬电通方式的秘诀,它对新入职员的培训起到不可替代的核心作用。

根据 2007 年 11 月日本的《就职期刊》对大众传播领域的求职分析,电视业占 20.6%,出版业占 17.9%,报纸业占 3.9%,广告业位居榜首,占 57.6%。电通每年录取 160—170 人,但应征者高达一万多人,可见

---

① 参见王仕军:《电通的新入职员培训制度及对中国高校广告教育的启示》,《中国广告》2008 年第 12 期,第 125—128 页。

竞争之激烈。同时,相比一般公司的平均离职率(30%),电通的离职率仅为 2.5%。

(2) 电通招新的特点

电通的招新分为两大类:一类是将来可能被分配到各个岗位的综合职位的招新,对专业背景没有特别要求;另一类是准备做美术指导的艺术职位的招新,要求求职者必须具有艺术类院校或相关的专业背景。以 2005 年为例,电通一共招了 175 名新人,其中的 165 人是综合职位,10 人是艺术职位。

电通的人才培养环境是自由、阔达的,不同于一些公司直接招聘有工作经验的人到特定岗位的做法,电通招新后会对新人们展开为期一个半月的集体培训,再根据其特点分配到如营业、市场营销、媒体等工作岗位。通过给新人提供良好的环境,并根据他们的擅长来加以培养,可以发挥他们最大的特点和潜力。

另外,创意局(Creative Division)提供给综合职位的岗位包括文案和电视广告策划。任何新入的职员如果想在创意局工作,在公司工作到第 2 年 2 月份的时候都可以参加创意局的考试。

(3) 电通的新入职员培训制度

新员工进入电通后都要进行有计划的岗前培训,有专门的能力开发室负责全公司的职业培训。例如,电通 1992 年度给新招入的近 200 名新职员安排的广告业务研修(培训)教育的内容如下。

首先是明确、严肃的培训目的。每位新职员必须深刻地理解他进入电通经营业务现场所必备的基本意识、知识和态度。具体而言,新职员必须具有他已从一名学生转变为一名合格的社会人和电通人的角色意识;他必须掌握作为一名社会人和电通人应具备的基本态度和礼仪;他必须掌握作为一名电通职员应熟悉的电通广告基本业务与流程(基础知识);他必须深刻理解电通的经营理念、沟通能力和团队精神及电通的企业文化。

其次是严格紧张的培训时间。电通安排新职员的研修时间一般约为两个半月,学员没有特殊情况是不能请假的,更不能无故旷课。具体时间为:每年4月1日—5月14日的1个半月为新入职员集体研修、入社;8月下旬—9月中旬的1个月为试用期,进行跟踪培训;10月1日正式录用,跟先辈研修;到第3年或第7年时,根据个人情况和上司安排进入"指明研修"(表4-5)。

表4-5 新入职员最初阶段的培训流程

时间	培训计划		说明
第一周	基础知识	学习接电话、发名片、穿衣打扮等社会规则	每天上午9点到下午5点半,所有新入职员集体上课,该阶段结束后有一次考试
第二周	电通的基本业务与流程知识	主要是营业、市场、创意、媒体四个部门的业务与流程	
第三周			
第四周	营业现场实习	每名新人都由一个营业局的前辈带领,通过实习,主要体验营业的工作,学习如何与客户打交道	
第五周	项目模拟策划	以班为单位针对同一题目各自展开策划活动	
第六周	提案演习和总结	各个班进行提案,并在培训结束后有一次考试	

在人才培养上,虽然也有新职员从一进公司就在一个部门一直做下去的情况,但更多的是在前5年体验2—3个部门的情况,这样既能让新职员多熟悉各部门,也有利于他们的长期发展。

最后是实用连贯的研修课程。电通的培训课程主要由集合研修、技能研修、现场研修及企划研修4门课程构成。学完这4门课程后,电通各部门会接收这些新职员,然后再对他们进行为期约一周的部门专业的研修。由于新职员的人数过多,他们将会分组进行现场研修。研修期间分别为集合研修16天、技能研修7天、现场研修30天、企划研修5天,余下的2天进行所在部门的简单研修,共60天。研修期间的具体内容为以下三个方面。

第一，集合研修的主要科目（职业素养与公司理念的教育）有入社仪式、自我介绍、基本的态度和礼仪、就业规则、特别演讲、公司的组织构成和业务、负责人讲话、公司历史、营业活动的基本程序、情报系统业务、CI业务等，其中的一部分课程会有老职员一同参加。

在集合研修中，除了学习上述基本知识外，新职员还要接受有关新闻、杂志、广播等媒体的教育，包括现场访问。另外，还有对新媒体、海外业务、体育与文化事业、经营管理、公共关系、影像事业管理等有关业务的介绍。

第二，技能研修的主要科目包括两大类：一种是跨文化（异文化）的商业交流，包括商业演说、编辑文章、商业文书、校订、策划书编辑等；另一种是展示（陈述），包括信息收集、活用、定位、演示，最后还有讲评及对优秀团队的选拔和表彰。

第三，现场研修的主要科目分为三大类：第一类是推销，第二类是创造力，第三类是营销。

在推销方面，涉及部门业务、印刷、交通事业、户外媒体、出版规划、事件计划及各种事例介绍和现场研究。时长为授课1周，现场练习1周。

在创造力方面，涉及部门的组织情况、业务体制、业务流动、广告文案、艺术指导，以及电视广告和广播广告的制作、发布、用语、费用、规划及实际的制作练习和广告商。

在营销方面，涉及部门的组织情况、业务、概论、信息中心、事例介绍、信息收集、现场实习、介绍等。

为期60天的研修可以分为占比25%的集合研修，占比50%现场研修，占比25%的技能（职能）研修、策划研修和其他内容。

（4）电通独特的Leader-Subleader制

在新入职员的培训中，所有新人会被分成8—10人的小班，分别由一位班主任(Leader)和一位副班主任(Subleader)来带领,以更好地完成培训,最后协助人事部门分配好新人的工作岗位。电通把这种方式叫作Leader-Subleader制。

该制度从1965年开始实施,到现在已经有超过半个世纪的历史。同时,它也是电通新入职员培训中最为独特的部分。作为其大力倡导者,电通前副社长中村先生说:"如果说白天的研修是佛像的轮廓,Leader-Subleader就像给佛像加上了一个灵魂。"

电通实施Leader-Subleader制有两方面的必要性:一方面,与可以流水线复制生产的工厂制造业不同,电通提供的是帮助客户解决问题的服务和创意,Leader-Subleader制可以最大限度地发挥人的个性与能力,适应不同客户的不同需求;另一方面,借助Leader-Subleader制,可以让新入职员学习到大学课堂上学不到的东西,并将前辈们优秀的工作方式——"电通方式"(Dentsu Way)传承下去。

具体来说,电通是一个非常重视客户并在营业方面很强的公司,这种能力特别需要通过"师傅带徒弟"的方式来培养。

成为Leader的条件是在电通工作了14—20年的能独当一面、精通各种业务的人;Subleader是在电通工作了6—10年且与新入职员年龄接近、易于沟通的人。Leader和Subleader一般由各局局长在听取本人意愿后直接指派。

Leader和Subleader在带新人的同时自身仍有繁忙的工作,过程中还会有额外的开销。如此耗费精力和财力,但他们依然很愿意做的原因有二:其一,能为新人的成长贡献自己的力量是一件很高尚的事,他们会非常自豪;其二,被选上做Leader和Subleader的人刚进公司的时候也曾受过他们的Leader和Subleader的培养,现在自己成长了,有机会培养后辈也是对前辈们的一种感恩。

具体而言,Leader-Subleader制的具体操作基本上取决于每个班的Leader和Subleader,在内容和方法上各班都有所不同。一般来说,每个班在一开始都会有一个由 Leader 和 Subleader 共同制订的类似于行动指南的行为规范，Leader 和 Subleader 会在平时用各种方式，特别是以身作则来培养新人们养成好的习惯。

Leader 和 Subleader 会经常与新人们见面，次数不定，每次内容也不尽相同。他们最经常去的地方就是居酒屋，参与的人有时仅限班级成员，但更多的时候会邀请电通内部或外部的前辈参与，便于新人积累人脉，也给他们提供开阔眼界、学习社会常识的好机会。

除了晚上的时间，有时 Leader 和 Subleader 还会在白天安排一些小专题，丰富新入职员的培训内容。

另外，写研修日志是新入职员每天必须做的。他们一般会在日志中写下每天的感受，对白天培训不懂的地方提出疑问，也有人会对自己的个人生活提出问题。一般来说，新人们会在每天上午 9 点将日志本放到 Leader 的桌子上，Leader 为新人们的日志写下评语，如解答他们的疑惑、给他们一些鼓励或建议，然后交给 Subleader。Subleader 会做同样的事情，到下午 2 点，Subleader 会将日志返还给新人们。

在新入职员的培训快结束的时候，Leader 和 Subleader 会安排两次与新人的单独面谈，以了解他们对将来工作方向的意愿，再根据人事部的一张表来综合评价每个新人，内容包括对新人性格的分析、具体的评价、人才培养方面需要注意的地方，以及对他适合或不适合去的部门作出评价、说明理由等，并于当年 4 月 25 日提交人事部。随后，人事部门会根据这张表和 Leader、Subleader 的当面评价在 5 月 11 日决定如何分配新入职员的岗位。至此，新入职员的集体培训结束，开始进入试用期。

2. 对在校大学生的专门授课——电通创意塾[①]

电通创意塾每年 4 月招生，10 月开课。招生对象为在校的大学三

---

① 参见王润泽：《日本的广告教育》，《国际新闻界》2002 年第 4 期，第 77—78 页。

年级学生,因为三年级的学生已有一定的知识基础和社会经验,没有找工作的压力,有足够的时间完成为期 4 个月的学习任务。电通创意塾通过互联网和海报向东京及附近的 48 所高校发出招生信息,招收 25—30 名学生进行广告创意方面的培养。但是,一般来报名的人有 10 倍之多。由于电通创意塾以创意为主要授课内容,目标是培养文案和电视广告策划人,因此,讲课内容也是文案表达和影像拍摄等方面的。电通创意塾的招生录取工作主要有以下四个步骤。

第一,募集作品,即设立一个主题并根据该主题拍摄照片。比如,2000 年就是以"不可思议"为主题,要求参加者用一次性相机拍 6 张照片,每张照片写出文字说明,然后给这组照片起名字。参加者将按 A、B、C、D 四个等级进行划分,评出 75 名候选人。评判的标准是视觉上有趣、吸引人,对主题的理解有独到之处等。这一阶段主要考查考生的艺术气质,报考者最多时有 500 多人。

第二,创意考试,方式为笔试。考试时间为 3 个小时,主要测试报考者的语言表达能力和视觉表现能力。比如,1999 年的考题中有这样的题目:请在下面三个哑铃上再画一些东西,使它看起来更轻或更重;一个路口经常发生卡车撞伤小学生的事件,自从一个牌子出现后就再也没有发生过车祸,请问牌子上写什么文字可以做到这点(要写三个牌子);列出三位日本各界的名人,考试者看到这些名字后要写出对他们的印象。总之,所有考题都没有正确答案,完全是启发式、思考式的,颇有趣味性,得到了广大学生的喜爱。

第三,面试。经过创意考试后会剩下 30 人进入面试,主要考察的是学生的素质、个性和毅力,因为要经过 4 个多月的学习,考官希望选择能够坚持下来的人。考官会通过面试时学生回答问题的语气、表情等来观察学生的个性,辅助判断。

第四,合格入学。最后录取 25—30 人,学习地点是电通营业大楼地下室的提案会现场。教师都来自电通的一线职员,他们是没有报酬的。

课堂上有一名主讲教师,两名辅助教师,三个人可以辅导25个人左右(辅导30个人就有点吃力)。课程安排是3次文案写作、3次电视广告设计、3次电视广告策划等,轮流进行。每周六授课并布置作业,学生在次周周三用传真的方式将作业交给老师。课程结束后,学员要独立设计一个提案,如为预备校四谷学院做一个30秒的电视广告和一个整版的报纸广告。考核方式是每名学生用5分钟时间讲解自己的策划思路。电通创意塾的每次讲座都有8名老师:1名塾长、1名副塾长、6位老师(入学考试和评定也由他们负责),并由塾长和副塾长选定该次讲座的主题。当然,每次讲课的老师基本上是不同的,没有人可以连续讲授。电通要为这样的一次课程支付约500万日元,但只收每位学生3万日元。所以,这种服务性质极强的人才培训教室为电通储备了一流的人才。

3. 对在岗员工的终身职业培训

电通公司除了对以上新入职员及在校大学生进行从业前培训和教育外,对在岗员工的职业培训也很重视。

一方面,电通公司出版了内部报纸《电通报》和内部杂志《电通人》,使电通的在岗员工能够及时地获得公司的重要信息。同时,电通还出版了《Advertising》等专业杂志,把员工优秀的论文刊登出来。这些刊物使公司在将实践中积累的重要经验和有关成果迅速地向员工和业界传播、推广的同时,也对在岗员工进行了没有课堂的职业技术教育。

另一方面,电通公司成立了专门的能力开发室,负责全公司的职业培训。它的主要职责有:建立业绩考评系统,大力培养进取型人才;强化员工对经营管理知识的学习,积极培养能够发现问题和解决问题的人才;增强员工对业务创新能力的学习,不断培养技术业务骨干人才;推动员工对国际广告成功经验的学习,加速培养公司急需的国际广告人才;加强员工对公共关系理论与实务的学习,持续培养能够处理各种问题的管理人才。

(二) 电通公司外部培养广告人才的方式——海外培训

电通公司除了在内部对在岗员工(包括新进员工)进行多样的职业培训之外,还有一个非常重要的培养广告人才的方式,即海外培训计划。

电通早在 20 世纪 60 年代就开始实施海外培训计划,期限为 3—6 个月。该计划的主要目的是让员工在公司新市场和新业务不断拓展的情况下,学习海外的新知识,体验海外的不同文化。1975—1992 年,电通开始执行两种海外研修计划:A 类计划的学习期是 1 年,主要目的是为公司培养具有国际眼光和全球视野的高级经营人才;B 类计划为 3—6 个月的培训时间,目的是让员工吸收海外最新的知识,了解不同的文化。1998—2002 年,电通又启动了新的员工海外培训计划,即电通海外 MBA 培训计划,学期为两年,每次选派 2—4 人,学员学成归来后即被公司派往各主要部门的重要经营管理职位。2003 年后,电通仍然推行为期 6 个月的海外培训计划,主要目的是为公司培养具有创新能力与国际沟通能力的员工。

电通公司的这几种海外培训计划的实施,既凸显了其前瞻性、战略性眼光,也给电通公司的全球跨国发展培养了一大批国际化广告经营与广告实践人才。

第三节　注重实践教学与学生竞赛活动

注重实践教学,积极鼓励和支持学生参加各种专业竞赛活动,是西方高校广告教育的一大特色,尤其是美国高校的广告学专业表现得相当突出。

美国是世界上最早在高校开展广告学专业人才培养的国家,其高校的广告教育理念与教育模式经过百余年的演进和优化,现已进入一个比较成熟的发展期,其诸多创新之举已成为许多广告教育后起之国借鉴和效仿的典范。

广告学专业是一个新兴的应用型学科,美国各高校在长期对教学实践的探索中,逐渐发展出一种极具美国风格的"强化应用、提倡实践、鼓励创新"的学科特色,使美国高校广告学专业在广告学的整个教学过程和各个环节中十分注重课堂教学的知识体系与广告产业实际需求的密切结合。美国广告学界与业界两者间长期以来紧密合作,并根据广告业界不断变化的需要,打破了双方信息交流的局限,进而使高校的广告教育能够有针对性地为业界培养并输送与时俱进的优秀人才。这种双向合作与交流具有两个重要表现:一是广告学专业的学生自己组成各种专业实践小组,并通过具体的实践活动来检验和理解课堂所学的知识要点;二是学生们积极参加业界或社会举办的各类与广告相关的竞赛,深化和延伸课堂所学的知识。下面是一些美国高校广告学专业学生热衷参与且具有一定代表性的重要行业组织与竞赛活动。

一、重要的行业协会组织

美国的广告与公共关系专业的学生主要参与的行业组织有美国广告联合会(AAF)、商业营销协会(Business Marketing Association,简称BMA)、国际商业交流协会(International Association of Business Communicators,简称 IABC)、美国公共关系学生协会(Public Relations Student Society of America,简称 PRSSA)、女性传播协会(Association of Women in Communication,简称 AWC)等。这些行业协会组织普遍受到美国高校广告学专业的学生们喜爱和欢迎。据统计,美国高校广告学专业的学生几乎每人都会加入其中的一个或几个组织,以提高自己的实践能力(表4-6)。

表4-6　2015年美国高校广告学专业学生参加广告行业协会的情况[①]

主要组织名称	参与该组织的高校
美国广告联合会	阿拉巴马大学塔斯卡卢萨分校
	科罗拉多大学博尔德分校
	哈特福德大学
	佛罗里达州立大学
	瑞林艺术与设计学院
	迈阿密大学
	佛罗里达大学
	南佛罗里达大学
	佐治亚南方大学
	佐治亚大学
	爱达荷大学
	芝加哥哥伦比亚学院
	芝加哥洛约拉大学
	伊利诺伊大学厄巴纳-香槟分校
	鲍尔州立大学
	普渡大学
	南印地安纳大学
	德雷克大学
	堪萨斯州立大学
	莫瑞州立大学
	肯塔基大学
	路易斯安那州立大学
	路易斯安那大学拉斐特分校

[①] 本表根据 Billy I. Ross, Jef I. Richards: *Where Shall I Go to Study Advertising and Public Relations?2015* 和相关网络资料整理而成。

（续表）

主要组织名称	参与该组织的高校
	陶森大学
	大峡谷州立大学
	密歇根州立大学
	西密歇根大学
	威诺纳州立大学
	南密西西比大学
	密苏里州立大学
	东南密苏里州立大学
	中央密苏里大学
	内布拉斯加大学林肯分校
	罗文大学
	伊萨卡学院
	雪城大学
	依隆大学
	北卡罗来纳大学
	肯特州立大学
	奥城大学
	俄克拉何马州立大学
	俄勒冈州大学
	宾夕法尼亚州立大学
	天普大学
	东田纳西州立大学
	阿比林基督教大学
	中西州立大学
	南卫理公会大学
	得克萨斯克里斯汀大学

(续表)

主要组织名称	参与该组织的高校
	得克萨斯州立大学
	得克萨斯理工大学
	北得克萨斯州大学
	得克萨斯大学奥斯汀分校
	得克萨斯大学埃尔帕索分校
	布里格姆青年大学
	瑞福德大学
	乔治·华盛顿大学
	马歇尔大学
	西弗吉尼亚大学
	马凯特大学
	威斯康星大学奥什科什分校
国际商业交流协会	佐治亚南方大学
	佐治亚大学
	芝加哥洛约拉大学
	德雷克大学
	密歇根州立大学
	密苏里州立大学
	东南密苏里州立大学
	中央密苏里大学
	伊萨卡学院
	依隆大学
	乔治·华盛顿大学
	奥本大学
美国公共关系学生协会	阿拉巴马大学塔斯卡卢萨分校
	加利福尼亚州立大学富尔顿分校

(续表)

主要组织名称	参与该组织的高校名称
	加利福尼亚州立大学长滩分校
	哈特福德大学
	迈阿密大学
	佛罗里达大学
	南佛罗里达大学
	贝里学院
	佐治亚大学
	佐治亚南方大学
	哥伦比亚芝加哥学院
	芝加哥洛约拉大学
	罗斯福大学
	伊利诺伊大学厄巴纳-香槟分校
	鲍尔州立大学
	普渡大学
	南印第安纳大学
	德雷克大学
	爱荷华州立大学
	堪萨斯州立大学
	堪萨斯大学
	东肯塔基大学
	莫瑞州立大学
	肯塔基大学
	路易斯安那州立大学
	路易斯安那大学拉斐特分校
	胡德学院
	陶森大学

(续表)

主要组织名称	参与该组织的高校名称
	马里兰大学帕克分校
	波士顿大学
	东密歇根大学
	费瑞斯州立大学
	大峡谷州立大学
	密歇根州立大学
	北密歇根大学
	明尼苏达大学
	威诺纳州立大学
	南密西西比大学
	密苏里州立大学
	东南密苏里州立大学
	中央密苏里大学
	内布拉斯加大学林肯分校
	罗文大学
	罗格斯大学
	伊萨卡学院
	长岛大学
	依隆大学
	北卡罗来纳大学教堂山分校
	肯特州立大学
	北俄亥俄大学
	奥特本大学
	俄克拉何马州立大学
	俄克拉何马大学
	俄勒冈州立大学

(续表)

主要组织名称	参与该组织的高校名称
	拉瑟尔大学
	宾夕法尼亚州立大学
	天普大学
	东田纳西州立大学
	中田纳西州立大学
	阿比林基督教大学
	中西部大学
	南卫理公会大学
	得克萨斯克里斯汀大学
	得克萨斯州立大学
	北得克萨斯州大学
	得克萨斯大学奥斯汀分校
	得克萨斯大学埃尔帕索分校
	得克萨斯农工大学
	杨百翰大学
	瑞德福大学
	弗吉尼亚联邦大学
	马歇尔大学
	西弗吉尼亚大学
	马凯特大学
	威斯康星大学奥什科什分校
	威斯康星大学史帝文分校
商业营销协会	密歇根州立大学
	乔治·华盛顿大学
女性传播协会	密歇根州立大学
	密苏里州立大学

(续表)

主要组织名称	参与该组织的高校名称
	奥城大学
	俄克拉何马州立大学
	拉瑟尔大学
	得克萨斯州立大学
	得克萨斯理工大学
	得克萨斯农工大学

二、广告学专业学生参与实践的行业组织简介

美国许多高校广告学专业的学生热衷于参加上述重要的行业协会组织,并从中得到了经验与锻炼,所以我们有必要了解这些行业协会组织的基本情况。

(一) 美国广告联合会

美国广告联合会(简称 AAF)成立于 1905 年,至今已有逾百年的历史,是美国最为悠久的广告行业组织之一,也是唯一一个包括广告业界(广告主、广告公司和广告媒体)和学界(高校教师和学生)的组织,现有 150 多个当地俱乐部和 5 万多名成员。该组织以"统一广告之声"(The Unifying Voice for Advertising)为理念,通过整合专业及学术信息资源,使广告学专业的学生、从事广告教育的工作者和经验丰富的广告人都可在其中得到有益的收获和帮助。

美国广告联合会目前拥有 100 多个来自全国的著名广告商、服务提供商、媒体公司、品牌和代理商组建的各类会员俱乐部,共计 4 万多名专业成员。AAF 还积极参与地方、区域和国家计划,从而形成了行业集聚与合作共赢的规模效应。因此,对于企业会员来说,加入美国广告联合会会对其公司的发展产生积极影响。同时,企业会员往往通过该组织的

一系列活动与广告行业的各层面会员建立联系,进而对企业会员的业务发展和品牌建设等提供信息服务和具体帮助。

对于高校的师生会员来讲,加入该组织并成为其会员具有很大的益处。一方面,广告学专业的教师可以通过该组织的各项活动获得广告产业和广告研究的前沿动态信息和有关知识成果,使其保持与行业发展的密切联系,为课堂教学积累丰富、现实并极其宝贵的经典案例和实践实务;另一方面,学生会员可以参与 AAF 设置的大学广告计划活动和各项专业赛事,通过相关活动与业界建立密切联系,甚至可能获得重要的就业机会或择业前的宝贵意见和建议。

由美国广告联合会主办的全国学生广告竞赛(National Student Advertising Competition)也是一项高水平的大学广告竞赛,它每年为 2000 多名广告学专业的大学生提供为企业客户创建战略性广告的实践机会,以及展示自己优秀才华和创新能力的竞技平台。

(二)美国国际商业交流协会

美国国际商业交流协会(简称 IABC)始建于 1970 年,至今已有 50 多年的历史。它是一个拥有来自世界各地的数千名会员的全球性学会,许多全球财富 500 强企业是其会员。该学会制定了有关传播问题的全球标准和职业定义,以及包括传播学专业的基本内容和知识体系,它汇集了商学专业的所有学科,并通过旗下的教育、认证、奖励计划、资源库、在线杂志和年度世界大会等向全行业提供全球通信标准,通过创新思维和共享最佳实践成果为其商务领域的专业人士提供最佳服务和支持。

高校师生加入该组织的益处是:第一,师生可通过大量经典案例研究、财经期刊文章和策划行业的新闻报道等分享国际商业领域的同行经验,并从中获得新想法、新见解和新思路;第二,与该学会的其他通信专业人员建立密切联系,可以帮助学生发现隐藏的优质就业市场,通过该协会发布自己的简历,并在其设立的就业中心查看目标职位的有关数据和列表;第三,协会还为学生举办一些专业会议提供支持,如赞助为期三天的世界会议、全年的在线课程和图书馆网络研讨会等,以帮助学生会员提高在社交媒体、商业写作和管理方面的技能;第四,对于自由职业者,协会还可以帮助他们迅速寻找潜在客户,扩展社交网络。

(三) 美国公共关系学生协会

美国公共关系学生协会(简称 PRSSA)成立于 1967 年,顾名思义,它是一个对公共关系和传播学感兴趣的学生组织,也是广告学专业的学生最愿意加入的课外实践组织之一。

该协会倡导公共关系教育的严格学术标准、最高道德原则和专业多样性要求,并在美国、阿根廷、哥伦比亚和秘鲁等国组成了 300 多个分会,总部设在纽约,由美国公共关系协会(Public Relations Society of America,简称 PRSA)领导。

加入 PRSSA 有以下三大福利。第一,学生会员可以获得有关专业的实践教育,帮助他们获得从业所需要的专业经验和实践知识。PRSSA 还向学生会员提供获取实习、竞赛、奖学金的机会。此外,协会还为会员提供出版物、新闻报道和社交媒体社群等渠道,以帮助他们及时了解行业中的最新发展态势。第二,协会可以帮助学生会员拓宽网络联系范围,帮助他们与可以成为朋友和导师的同行、专业人士建立关系网络,并通过有关国家和地区的活动及协会分会、社交媒体等与他人建立宝贵的关系。同时,协会还提供赞助商分会(PRSA Sponsor Chapter)、协会的一流会员(the Champions for PRSSA)或会员目录,为学生会员创造与专业人士会面和学习的机会。第三,作为协助,协会还可以提前启动学生会员的职业生涯。学生会员可以利用美国公共关系学生协会工作中心和美国公共关系学生协会实习中心的便利,在全球范围内寻找公共关系专业领域的就业机会。会员毕业时还可以以每年 60 美元的身份加入美国公共关系学生协会成为准会员,并被连接到 110 个分会、16 个专业兴趣部门和行业资源部门。

(四) 女性传播协会

1909年,七位女性记者开辟了一条为女性在通信领域发展的渠道。在21世纪,女性传播协会(简称 AWC)始终在寻找机会,以专业的方式不断发展其成员,为全国各地成员间建立起更强大的联系铺平了道路。今天,该协会拥有1 100多名成员,致力于发掘学习机会,并通过女性领导者网络建立彼此的联系,进而提升女性在传播沟通中的作用和地位。

该协会秉承"传统"(tradition)、"社区"(community)、"尊重"(respect)、"诚信"(integrity)、"智力"(intellect)、"商友"(mentorship)的理念,为个人的职业发展提供了重要的知识积累和必要的实践能力,特别是在为女性提供就业或创业的支持方面尤其出色。它打造了一个女性专业人士社区,促使有关女性积极参与并相互支持,以便取得个人的成功。

三、美国高校广告学专业学生参加的主要竞赛

在美国,参加专业竞赛是广告学专业学生提升自己专业素养和实践能力的一个重要路径。学生可以通过参加相关比赛真实地提前模拟或演习以后可能在广告职业生涯中遇到的问题与挑战,从而建立起大学学习与未来工作之间的一道桥梁,为广告学专业的学生毕业后更快、更好地投入工作状态打下坚实的基础。因此,美国高校广告学专业的学生积极参与各类专业竞赛已成为当代美国高校广告学专业教学中的一个亮点和特色。

美国涉及广告学专业的学生竞赛主要分为两大类:一类是由广告行业协会主办的赛事,也是学生参与人数最多的一类比赛,以辅助培养学生的实践能力为主要目的,一般不收取参赛费用;另一类是知名广告公司或知名企业举办的广告赛事,参加者通常需要交一定的费用。

(一) 由广告行业协会主办的赛事

1. 全国学生广告竞赛(National Student Advertising Competition,简称 NSAC)

该赛事由美国广告联合会主办,是美国顶级的大学生广告竞赛,每年为两千多名在校大学生提供为企业客户创建战略性广告、营销策划案、媒体活动创意的实战平台。按照地理区域,全美被划分为15个分赛区,参赛的大学自组一个团队参加其学校所处最近的一个分会进行比赛。学生团队先分别在15个地区中的一个分区赛比赛,来自各区的获胜队伍随后晋级半决赛,争夺参加决赛的8个名额,最后一轮的比赛在AAF全国年度大会期间举行。

该赛事的赞助商(客户)每年会提供一个命题或案例研究,概述其产品的历史和当前面临的挑战。学生必须仔细研究,然后根据命题或产品市场等方面的问题与态势为客户设计一个完整的创意或营销方案。之后,每个学生团队向评委小组展示他们的创意或营销方案。评审团队由广告、营销和通信行业的专业人士组成,决赛的评委则从客户及其广告代理机构中挑选。

2. 美国广告奖(American Advertising Awards,简称 AAA)

AAA 是广告业界较大且很具代表性的比赛,其前身是艾迪奖(Addy Awards)。它每年通过当地的美国广告联合会(广告俱乐部)及其地方和地区的分支机构,利用赞助、公共服务、广告宣传等组织比赛,每年吸引超过4万名专业人士和学生参赛,其宗旨是表彰和奖励美国最优秀的创意广告。参赛者从地方一级开始选拔,地方一级有140多个美国广告联合会的分会,通常在每年的1—2月举行初赛。地方一级的艾迪奖获得者有资格参加15个地区的AAF比赛,在地区一级获得冠军后即进入全国比赛。全国的AAF奖获得者将在AAF每年6月举行的全国学术会议上得到表彰。

3. 贝特曼案例研究竞赛(Bateman Case Study Competition，简称 BCSC)

该赛事由美国公共关系学生协会于 1973 年成立，旨在让学生有机会利用课堂教育和实习机会来创建和实施完整的公共关系活动。贝特曼案例研究竞赛每年有超过 75 个团队参加比赛，为学生提供真实的体验，参赛经历可以转化为自己的项目成果等。在 4—5 人的团队中，参赛学生需要研究、策划、实施和评估全面的公共关系活动。选手的研究和规划将于每年的 11 月至第二年 2 月完成，团队将于 2—3 月实施，最终的参赛作品于 4 月呈现。经过严格的评审过程，组委会会选择三名决赛选手向赞助商展示他们的方案，赞助商向选手提出问题和看法，并决定参赛成绩：第一名将获得 3500 美元和奖杯；第二名将获得 2500 美元和一块牌匾；第三名将获得 1500 美元和一块牌匾。

(二)由知名广告公司或知名企业举办的广告赛事

这类比赛一般由广告代理商主办，企业同时承担命题、评委、赞助比赛及颁奖工作，参加者通常需要缴纳一定的费用。这类赛事比较适合即将步入社会且广告业务比较娴熟的高年级同学参加。

1. 金铅笔奖(One Show Awards)

它是由 One Club 纽约创意俱乐部主办的世界上最负盛名的广告赛事。1977 年，The Copy Club(One Club 的前身)开始独立运营 One Show Awards，旨在表彰广告、互动、设计和品牌娱乐方面的最佳创意作品，来自世界各地的广告代理商、数字代理商、设计代理商、制作公司、消费者品牌和非营利组织中的最具才华的创意人才每年都会参加。由艺术总监、撰稿人和创意总监组成的国际评委组会评选来自近 60 个国家的 18000 多个参赛作品，选出 500 名入围者。One Show College 竞赛是 One Show Awards 的一部分，参赛学生有机会让 One Show Awards 的评委会评判他们的作品，并有可能赢得令人垂涎的金铅笔奖。One Show College 还会将本土和国际广告节上顶尖创意人才的最佳策划作品展示出来。除此之外，基于培养新生代广告人才和引领创意设计潮流的主要使命，The One Club 的教育部门会为从事广告事业或即将进入广告领域的青年才俊提供多种优质课程。

2. 戛纳狮子奖（Cannes Lions Awards）

自 20 世纪 40 年代末，一群属于屏幕广告世界协会（Screen Advertising World Association，简称 SAWA）的电影屏幕广告承包商认为广告电影的制作者应该得到同样的认可，于是创立了戛纳狮子国际创意节（Cannes Lions International Festival of Creativity），原名为国际广告节（International Advertising Festival）。每年 6 月，来自全球各个国家的约 11 000 名注册代表会参加艺术节，展示品牌传播中的最佳创意，讨论行业问题，并相互联系。其中，戛纳幼狮竞赛（Young Lions Competition）始于 1995 年，曾用名青年创意比赛（Young Creatives Competition），主要对 28 岁以下的广告学专业人士开放，参赛者以两人一组的形式比赛。具体流程是：各个国家举办区域竞赛，选出具有参加艺术节比赛资格的团队，获胜者将受邀参加戛纳国际创意节，并进入最后一轮比赛。比赛将在戛纳国际创意节的七周内举行，包括印刷、网络、电影、设计、青年营销人员、媒体和公共关系类竞赛。

3. 泰利奖（Telly Awards）

1978 年，为了表彰世界各地的优秀影视节目及电视商业广告，泰利奖得以创立，每年有超过 13 000 个国际作品参赛。近 40 年来，不论是大型的国际制片厂商或是地方性制片公司，泰利奖一直都是业界人士梦寐以求的大奖。该奖项的评审团由最杰出的媒体和广告专家及历届得奖者组成，评审们会根据媒体作品的创意，其对行业、社会的影响力，以及相关的市场分析等因素，谨慎而公平地作出最后的评断。因此，泰利奖每年获奖作品的水平都会持续提升。泰利奖认同卓越的、能启发想象力的作品，肯定杰出的当地和全球电视商业广告和节目，以及精致的录像和电影作品。

第五章 国外广告教育的社会组织与出版刊物

在知识经济时代,知识已成为生产力的核心要素,知识的创新和传播也成为推动整个社会进步和发展的重要动力。基于此,对于广告教育,我们不能囿于教育机构,而应从更宽广的视角来加以探讨。因此,本章的研究对象为正规教育机构(包括大学和大型广告公司)之外的社会组织(如广告协会)和出版物(如行业期刊、学术著作等),以期通过这两个视角探寻与广告相关的社会组织、广告期刊对正规教育机构产生的影响。同时,本章厘清了社会组织、广告期刊两者之间的有机关系,以便进一步理解现代广告知识的理论创新和传播路径。

第一节 广告社会组织与广告教育的多维架构

广告社会组织一般是指具有民间性质的广告行业协会或学术团体,它们不仅是整个广告行业发展的重要推动力量,也是广告教育和广告知识传播多重架构中极为重要的组成部分。

一、欧美广告社会组织的多重组建

西方社会中的广告社会组织具有复杂的体系,其架构具有多维性,其核心是广告产业及由广告产业延伸出来的按广告产业链形态组构的西方广告社会组织,以广告知识传播为主旨而成立的广告教育组织、以跨地区跨国界为特征而组建的国际(地区性)广告组织,以及以广告活动中的职业道德和社会责任为目的而创立的广告监审自律组织等。这些广告社会组织之间互有关联,互为促进,构建了欧美广告社会组织的多维架构。

(一) 按广告产业链形态组构的西方广告社会组织

按照目前西方的广告理论①,广告产业链主要由广告代理公司、媒体、广告主、广告相关产业或包括调查公司、设计、制作公司等在内的广告下游产业构成,也有教科书把受众、消费者列入广告产业链②,并将受众和消费者作为推动整体广告产业发展的重要力量。据笔者对西方广告社会组织之主构内容的考察,可以说,西方广告社会组织是按照广告的产业链来建构的,基本上可以分为广告代理商组织、广告主组织、媒体及其运作组织、广告下游服务组织等。以美国为例,主要有美国广告代理商协会(4A),成立于1917年,是代表美国广告代理界的全国性行业协会,也是一个经营导向的组织,专门为成员提供专业技术支持、广告代理行业信息和广泛的可行性服务,其成员在美国本土占有约80%的广告代理业务份额;全国广告主协会(Association of National Advertisers,简称ANA)成立于1910年,目前会员拥有400家公司和9 000余个品牌,每年在营销沟通和广告方面花费达1 000亿美元,主要从广告主的角度出发洞悉产业发展,为会员提供营销沟通及广告动态方面的实践信息和指导;涉及媒体运作的协会有商业信息服务公司协会(The Association of Business Information Companies,简称ABIC),成立于1906年,有350余家公司会员,会员媒体的受众达1亿人以上,年收入

---

① [美]布鲁斯·G.范登·伯格、海伦·卡茨:《广告原理:选择、挑战与变革》,邓炘炘等译,世界知识出版社2005年版,第23—59页。
② [美]威廉·韦尔斯等:《广告学 原理和实务》(第五版),张红霞、杨翌昀译,云南大学出版2001年版,第15—17页。

超过260亿美元,旗下有网站美国商业媒体(American Business Media)。这些协会主要从媒介的角度为其成员提供行业资讯和广告媒介运作方面的指导,引领行业发展。

美国的广告下游产业有发行量审计局(Audit Bureau of Circulations,简称ABC),它主要是为广告代理公司、广告主和出版商提供基于第三方的流量数据审核服务。该机构成立之初主要是对报纸、杂志的发行量进行审核,以杜绝发行量数据的不实,目前已涉及网站流量的审核等。此外,还有广告调查协会(Advertising Research Foundation,简称ARF)、独立的创意制作者协会(Association of Independent Creative Editors,简称AICE)、独立的商业影片制作者协会(Association of Independent Commercial Producers,简称AICP)等。

作为连接广告业与不同领域沟通的桥梁和综合平台,几乎每个西方国家都有全国广告联盟这样的组织,如美国广告联合会是唯一一个涵盖各个学科和职业水平的会员制组织,也是一个代表美国国内广告代理商、广告主、广告媒体的联合组织,包括广告公司联合会、广告主联合会、广播电视联合会、报纸杂志联合会等,下设有全国广告审查委员会、广告工作局和儿童广告审查委员会。它不但对本行业的广告进行监督管理,还代表广告业对国家的广告活动提出意见,对政府制定的有关广告的法律法规作出反应。英国的广告协会(Advertising Association,简称AA)、澳大利亚广告联盟(Advertising Federation of Australia,简称AFA)都是属于这一性质的广告社会组织。

广告社会组织结构中除了横向的产业链维度,还有广告产业本身运作细分和发展的纵向维度,以及广告服务细分市场的维度。作为广告产业运作的纵向维度,有直销协会(Direct Marketing Association,简称DMA)、黄页广告营销协会(Association of Directory Marketing,简称ADM)、交互营销协会(Association for Interactive Marketing,简称AIM)、美国户外广告协会(Outdoor Advertising Association of America,简称

OAAA)等,作为服务市场的细分维度有西班牙裔市场广告代理商协会(Association of Hispanic Advertising Agencies,简称 AHAA)、农业市场营销协会(National Agri-Marketing Association,简称 NAMA)等。

除了依据广告产业的横向与纵向架构维度,西方广告社会组织的另一个组织结构是以社会道德和责任为基本内容的。以美国为例,有建立于 1971 年的全国广告审查委员会(National Advertising Review Council,简称 NARC),其宗旨是促进真实、准确、健康的广告发展,促进广告界的社会责任和道德感。委员会下还设有全国广告部(National Advertising Division,简称 NAD)、全国广告审查委员会(National Advertising Review Board,简称 NARB)、儿童广告审查机构(Children's Advertising Review Unit,简称 CARU)等。儿童广告审查机构于 1974 年建立,专门审查和评估针对儿童的广告,并制定广告的自律标准和积极推进相关法律法规的制定和传播。此外,还有广告理事会(Advertising Council)。日本也有类似的机构,被称为公共广告机构,会员主要由广告公司、媒体和广告主组成,经常针对社会问题,运用广告向社会大众进行宣传。公共广告(或称公益广告)的制作、刊播经费来源为会员和社会赞助,或直接由会员制作,并提供刊播的时段和版面。

(二)以广告知识的传播为主旨而成立的西方广告教育组织

知识的生产、传播和应用是一个社会及其文明存在、发展的必然过程,产业的运转和发展也是如此。以美国为例,曾在美国广告教育与学术研究史上起过重要作用的组织或团体是于 1915 年在伊利诺伊州的芝加哥成立的。全国广告教师协会(National Association of Teachers of Advertising,简称 NATA)。1933 年,该协会改名为全国营销教师协会(National Association of Marketing Teachers,简称 NAMT)。1937 年,它与美国营销社团(American Marketing Society,简称 AMS)合并重组,成为现在的美国营销协会(American Marketing Association,简称 AMA)。还有全国广告同盟会(简称 ADS),于 1913 年 11 月 14 日在密苏里大学建立。1973年,它正式加入位于华盛顿的美国广告协会,ADS的名称由此易名为美国广告联合会高校学术分会。Gamma Alpha Chi则是一个以女性为主要成员的广告协会组织。

美国现今仍在独立运作的广告教育和研究的组织和团体主要有美国广告学会(American Academy of Advertising,简称AAA),成立于1958年。1959年,在福特基金会与卡内基金会的资助下,AAA分别独立发表了其对美国广告教育的发展进行的综合研究报告,并对美国高校广告学专业的学科到底是归属于商学还是新闻/传播学的问题下了具有决定性意义的结论,即确立了广告学归属于(并设置在)新闻/传播学的学术地位。新闻与大众传播教育学会(Association for Education in Journalism and Mass Communication,简称AEJMC)成立于1912年,在美国的新闻与传播领域具有非常重要的地位。学会设有包括广告在内的17个专业分会,几乎囊括新闻与传播学下的所有子学科。这些分会具有进行学术研究、联系和组织各高校教师学生、定期召开学术会议、出版专业期刊和文献的作用,旨在提高美国新闻和大众传播的整体教育和研究水平,致力于服务美国各高校。该学会现有3 000多名来自学界和业界的专家学者,其中的300多人是该学会下属广告学专业分会(Advertising Division)的成员。AEJMC实际上就像一张巨大的网,几乎美国所有的新闻与传播院系都是它的成员。今天的AEJMC主办了五份著名的专业期刊,即《新闻与大众传播季刊》(*Journalism and Mass Communication Quarterly*)、《新闻与大众传播学教育者》(*Journalism and Mass Communication Educator*)、《新闻与大众传播专刊》(*Journalism and Mass Communication Monographs*)、《新闻与大众传播摘要》(*Journalism and Mass Communication Abstracts*),这些专业期刊已成为发布美国广告研究成果和检索资料的重要学术期刊,其主办的广告学专业刊物有《广告时代》(*Advertising Age*)、《广告教育杂志》(*Journal of Advertising Education*)等。广告教育基金会(Advertising

Education Foundation,简称 AEF)①,成立于 1983 年,旨在向全社会尤其是向高校教师和学生提供有关广告方面的富有教育意义的材料,以促进他们了解广告在社会、文化和经济层面所发挥的作用。2000 年,该基金会出版了网上学刊《广告与社会评论》(*Advertising and Society Review*)。同时,基金会还在网页上登载一些经典的广告案例和各校教师自愿提供的广告课程大纲。此外,基金会每年还组织"业内广告演讲者计划"(Inside Advertising Speakers Program)和"来访教授计划"(Visiting Professor Program),并进行全国范围的巡演讲学。

综上所述,多年来,美国的各类广告组织和团体对美国高校的广告教育给予了极大的关注、重视和支持。它们在广告教育的课程设置、广告学的学科归属、广告师资的培训、广告学专业学生的专业实习和就业、广告教育的资金资助、广告奖项的设置、广告学术杂志的创办、广告学术会议的举办等方面都为美国的广告教育提供了极其难得的宝贵机会和条件。无疑,这些广告组织和团体是美国广告教育的重要组成部分。

(三) 以跨地区、跨国界为特征而组建的西方国际(地区性)广告组织

随着经济的全球化,越来越多的企业成为跨国乃至全球化的公司。这就导致广告服务呈现出地区化、国际化、全球化的发展趋势,从而促使广告社会组织架构出现对应的维度。

比如,国际广告协会(International Advertising Association,简称 IAA)成立于 1938 年,是一个全球性的广告组织,总部设在美国,拥有 4 000 余名会员,涉及公司、学术院校、非营利机构等,遍及 70 多个国家和地区。IAA 最初名为出口广告协会(1953 年更名),宗旨是研究国际广告发展的新趋势、新技术、新方法,提高国际广告业务水平,促进会员

---

① 程红、乔均:《美国广告协会与广告教育互动发展述评》,《中国广告》2008 年第 3 期,第 59—60 页。

间的信息及学术交流,开展广告教学活动,协调会员及各方面的关系。

世界广告主联盟(World Federation of Advertisers,简称 WFA)的总部设在比利时布鲁塞尔,成立于 1953 年,当时的名称是国际广告主协会联盟(Union Internationale des Associations d'Annonceurs,简称 UIAA),最初由比利时、丹麦、法国、德国、意大利和英国等十个国家的广告主协会组成(1984 年改为现名)。其宗旨是及时地反映全球营销的发展趋势,通过会员间的信息交流来共同面对全球化市场的压力。

国际发行量认证署联盟(International Federation of Audit Bureau of Circulation,简称 IFABC)成立于 1963 年 5 月,会员遍及五大洲,有近 40 个会员。联盟以统一各国的核查标准与核查报告的形式,以实现分享数据的目的。

总而言之,西方的广告社会组织已经有多重架构维度,并形成了复杂的体系,主要有四个维度(图 5-1)。

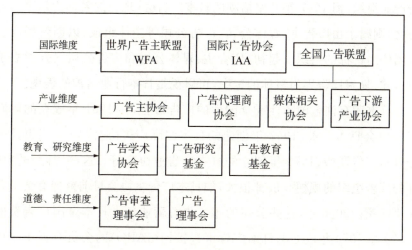

图 5-1 西方广告社会组织架构的四个维度

上述这种广告社会组织体系并不是封闭的,而是开放的,不同维度之间很难有明确的界限,在现实中有大量与其他行业交叉的情况,并且随着技术和产业的发展还不断形成新的协会,如品牌内容营销协会(Branded Content Marketing Association,简称 BCMA)、国际博主与新媒体协会(International Blogger and New Media Association,简称 IBNMA)等,这些协会共同助推了广告业的发展。

二、日本广告社会组织的多元形态

日本是世界第二大的广告市场,也是世界公认的广告产业大国。日本除了拥有世界著名的电通、博报堂等大型跨国广告公司外,还拥有规模庞大、数量众多、种类齐全的广告行业组织和广告学术研究团体。

20 世纪 50 年代,日本经济进入快速成长期,与广告相关的行业组织和学术研究团体相继涌现:1946 年,日本新闻协会、日本杂志广告协会成立;1951 年,日本民间放送联盟成立;1958 年,日本广告主协会成立。这些自发形成的团体,有的属于不同类型的媒体组织,有的属于广告产业组织,但 1947 年开始活动的日本广告会(现在的名称为东京广告协会)则属于由广告主、媒体公司、广告公司等主体组成,以创新型广告人团体为目标的组织。起初,广告主、媒体公司和广告公司三方建立了以重建、复兴广告界为目标的组织,可以说是日本行业精神的表现。

日本还有许多国际性或全国性的广告协会,如 1961 年成立的国际广告协会日本分部、1957 年创建的日本国际广告协会、1953 年组建的全日本广告联盟、1970 年创立的日本广告业协会等。这些国际和全国性的广告组织的规模一般都很大,如日本广告主协会目前就拥有会员公司 151 家。2000 年,这些公司的年广告总营业额占日本全国广告费的 79.7%。1974 年成立的日本广告审查机构(JARO)的会员有近千个广告主、媒体和广告公司;1971 年组建的新闻广告审查协会(NARC)有近百名会员;成立于 1952 年的日本 ABC 协会(Japan Audit Bureau of Circulation)是一个专门审查报纸和杂志发行量的民间团体,现有成员包括媒体、广告主和广告公司三方。其中,报纸、杂志成员有 380 家,广告主成员有248家，广告公司成员有227家。

日本的广告协会和学术团体的数量十分惊人。据不完全统计，日本目前的各种广告协会和学术团体有近60个，几乎每座大城市和较大的地区都有一两个广告业界的组织。日本的广告社会组织架构与西方国家的广告社会组织架构一样，具有多维性，其核心也是按照广告产业链来建构的。日本目前有广告行业内部、广告市场、广告创意、电子媒体（广播、电视）广告、纸质媒体（杂志、报刊）广告、公共关系方面的各种协会；也有以广告管理与广告道德及责任等为中心的各种广告组织，如广告审查与伦理、广告知识产权、互联网广告等方面的各种协会；还以跨国合作与全球经营的方式组建了各种国际广告组织协会等。

日本的广告协会和学术团体虽然规模庞大、数量众多、种类繁多，但真正直接涉及广告教育的社会组织不多，主要原因是日本国内的大学一般不设置广告学专业，所以日本大学内基本没有广告教育研究类的学术团体和协会组织。

特别要指出的是，由于日本的学科体系中没有独立的广告学专业，日本广告人业务水平的提高、知识的更新除了依托受雇公司所安排的定期培训、考察之外，广告关联团体或协会等提供的各种讲座、培训和学术刊物也是不可或缺的广告知识传播途径，此处以下面几个机构为例展开论述。

（一）日经广告研究所（Nikkei Advertising Research Institute，简称NARI）

日经广告研究所成立于1967年5月1日，它在成立之初仅是日本经济新闻社下所设的一个从事广告研究的机构。经过四十余年的发展，今天的日经广告研究所已经成为日本国内唯一中立的广告研究机构。

日经广告研究所成立的宗旨是通过各种与广告相关的调查研究，从理论和实践两方面研究和确立应对新时代的广告理念的状态，为广告的现代化作出贡献。

日经广告研究所主要是以法人团体会员组织的方式运作，这些法人团体会员大都为广告主、广告公司、媒体机构、调查公司等。目前，日经广告研究所拥有法人团体会员 300 家。

日经广告研究所的广告研究工作主要有两项：一是设立多种专项分支研究机构，并由在该领域研究造诣比较深的学者来主持；二是以中立机构的身份通过自主调查和受托调查从事关于广告问题的调查研究。另外，该研究所还组织和支持广告学专业图书的出版，研究报告会也是日经广告研究所在日本广告研究界中最富特色和最具影响力的活动。

日经广告研究所出版的刊物主要有《日经广告研究所报》和《广告研究报告》。《日经广告研究所报》创刊于 1967 年 7 月，每隔一个月发行一刊。这个杂志刊登的是日经广告研究所的研究员、广告研究者、广告从业者、海外研究者从理论和实务两个角度发表的与一段时间内热度较高的话题相关的广告论文和报道。它刊登的论文和报道不仅与广告相关，还包括市场营销、公共关系等领域。《日经广告研究所报》是在日本广告研究领域内享有广泛声誉的广告学术研究刊物。

日经广告研究所还会聘请广告研究者和实务家作为讲师，频繁地召开各种研讨会、座谈会、讲座。它于 1968 年开始开办面向新广告人的广告基础讲座(现在的名称为广告理论与实务综合讲座)，并将讲座的内容整理成《广告基础讲座》(现在的名称为《广告人的综合讲座》)，每年出版一次。

日经广告研究所虽是日本经济报社的附属机构，但具有公共属性。研究所发行的与广告相关的文献和调查数据对日本广告研究的推进和广告实务的改善起了很大作用。同时，日经广告研究所的研究成果、学术活动和它创办的广告研究刊物对日本广告教育的深化发展也具有非常重要的参考价值和推动作用。

(二)日本广告学会(Japan Advertising Society，简称 JAS)

该学会于 1969 年 12 月 6 日在东京神田的学士会馆成立，学会地点设在东京都早稻田大学产业经营研究所,学会成立的目的是研究与广告相关的理论和事例,联络与广告相关的各种团体、学会。

1970年11月8日,日本广告学会在庆应义塾大学召开了日本广告学会第一次全国大会。1978年5月,学会向日本学术会议当局提交成为正式学术团体的申请登记,并获批准,成为国家认可的学术团体。

日本广告学会的宗旨是从事关于广告理论和时政的研究,联络国内外与广告有关的团体协会。根据这两项目标,日本广告学会承诺将长期坚持做到以下三点。

第一,积极推进广告公司与有关学校的合作。例如,学习美国广告协会的客座教授互派交流制度(visiting professor system),即每年暑假期间有2—3名来自学校的会员会被派遣到广告公司,进行为期1个月左右的研修,通过广告理论与广告实践的结合,以求增强教育效果。同时,学会还将发挥中介作用,收集个人难以找到的广告业界数据、事例和视听教材(如实际广告作品的幻灯片、录像带等),开办会员专用图书室,以便他们进行学习和研究活动。

第二,始终为提高广告教育和学会研究水平而努力。例如,对外开放学会,积极联系与广告教育及研究有关的各方面研究人员和业界人士;推进与国外广告相关学会的沟通与学术资料的交流,并与它们合作开办广告研究发表会;以学会为中心编写广告论坛及讲座的标准教学大纲、教育指南和教材等。

第三,积极制定和实行国内大学间短期交换教授的制度。比如,经营学和美术学领域的教授到对方的大学做2—3次讲座,以补充相关方面的不足。将这一实践制度化,可以为推动广告教育起到良好的带头作用。

日本广告学会的活动不仅有全国大会和关东、关西的大会,还创办了公开发行的学会出版物,如《日本广告学会会报》《广告科学》等。其中,《广告科学》创刊于1975年,每半年出一期,它是日本广告学会的机关刊物,以严谨认真、学术水平高而成为日本广告学界(包括教育界)公认的美誉度最高的广告学术刊物之一①。

(三) 吉田秀雄纪念事业财团(Yoshida Hideo Memorial Foundation)

吉田秀雄纪念事业财团是为了继承享誉日本广告业界的电通第四代社长吉田秀雄的遗志和功绩而于1965年9月24日创立的。

组建该财团的目的是助力振兴市场活动,特别是通过加强对广告理论与实务的研究来更好地为日本的经济和文化发展提供帮助。为了达成此目的,财团确定了如下事业活动:①为与市场特别是与广告领域相关的研究机构和研究者提供研究经费;②收集、展示与市场学特别是与广告相关的图书、资料、文献;③召开与市场学特别是与广告相关的讲习会、研讨会。

该财团推动研究的方法有三个:第一,面向大学教师、研究生、研究机构和研究者的资助(公开募集制);第二,委托研究;第三,向团体提供资助。

公开募集制下的研究资助是在选考委员会严格公正的选拔下,为提出具有新颖、独创性研究主题的研究人员提供赞助金(研究期限为一年),研究成果整理成论文后,可以在吉田秀雄纪念图书馆公开、发行论文集等。

委托研究是选考委员会关于日本市场、广告界的基础研究或紧急课题等,委托研究机构或个人进行共同研究。20世纪70年代,受到委托的有八个题目,但这类研究自1975年就中断了。1995年1月,为了调查、研究阪神大地震时的广告状况恢复了委托研究,大石准一于1915年发表了《阪神大地震和广告》。

作为面向团体的赞助活动,1966—1972年,吉田秀雄纪念事业财团

---

① 何鹄志、范志国:《战后日本广告研究的三大"助推器"》,《广告人》2005年第5期,第109—111页。

向东京大学经济系提供了召开市场学讲座的研究准备经费。此外,它不仅在1974年捐赠面向大学生的教材《新的广告》,还对全日本广告联盟的夏季广告大学(自1990年后)、1993年第十八届亚洲广告会议东京大会、日本广告学会全国大会(自1995年后)的召开提供了帮助。

1969年,财团开设吉田秀雄纪念图书馆并运营。这个图书馆是日本唯一一所与市场营销、广告相关的专门图书馆,对市场学、广告学领域的研究者、从业者及相关专业的学生免费开放。图书馆收集的文献以广告、市场营销领域为中心,特别是国内出版的广告方面的图书、杂志、年鉴,如久保田宣传研究所编的《广告大辞典》(1971)、坂本登编著的《广告英语词典》(1972)、八卷俊雄编的《广告小辞典》(1973)、宣传会议编的《广告表现词典》(1978)、宣传会议编的《广告文案辞典》(1978)、日经广告研究所编的《广告用语辞典》(1978)等资料。同时,图书馆中与美国相关的专业外文书、期刊杂志也很充足,成为日本广告研究的重要资料来源。

三、其他国家广告社会组织的多向发展

除了上述美国和日本从多维角度组建和成立的许多广告社会组织,其他广告产业发达或较为发达的国家也成立了各类广告组织,并对这些国家的广告教育事业起到了重要的促进作用。例如,英国的英国广告主协会(Incorporated Society of British Advertisers,简称 ISBA)、广告协会(The Advertising Association,简称 AA)、世界广告行销公司(World Advertising Marketing Ltd.,简称 WAM)、广告工作者协会(Institute of Practitioners in Advertising,简称 IPA)、互联网广告局(The Internet Advertising Bureau,简称 IAB)、广告标准局(Advertising Standards Authority,简称 ASA)、英国发行稽核局(Audit Bureau of Circulations,简称 ABC)等,澳大利亚的广告联盟(Advertising Federation of Australia,简称 AFA)、布里斯班广告协会(he Brisbane Advertising Association,简称

BAA)等；爱尔兰的广告从业者协会（Institute of Advertising Practitioners in Ireland，简称 IAPI）、广告标准局（The Advertising Standards Authority for Ireland，简称 ASAI）、广告客户协会（Association of Advertisers in Ireland，简称 AAI），新西兰的广告主协会（Association of New Zealand Advertisers，简称 ANZA）、新西兰传播协会（Communication Agencies Association of New Zealand）等，加拿大的广告研究基金会（The Canadian Advertising Research Foundation，简称 CARF）、广告标准局（Advertising Standards Canada，简称 ASC）等。

第二节　国外广告期刊对广告教育的影响

从广义的广告业，即广告运行的生态系统而言，广告期刊是一种行业知识的传播载体。广告教育不仅受到广告社会组织的直接推动，还受到广告期刊的影响：一方面，很多广告期刊往往是广告社会组织主办的刊物，它们成为广告社会组织传播其广告理念和有关广告知识与广告理论的载体，也是广告产业隐性知识显性化的一种渠道；另一方面，由于越来越多的广告期刊已不再限于纸质媒体的出版，纷纷推出了网络版面的广告期刊，还有些广告期刊通过举办各种活动来扩大自身的影响。因此，期刊（包括电子期刊）已然成为一个平台，在广告运行的整个生态中促进着广告产业与广告教育的知识传播、信息沟通和意识创新。本节将通过介绍和分析美国、英国、日本广告期刊的知识层次与内容差异，揭示广告期刊与广告教育之间的内在联系与互动作用。

一、广告期刊的知识分层和内容架构

广告刊物的内容具有非常明显的知识层次和内容类别，这种层次和区别由期刊的办刊宗旨与定位决定。

第一个层面是行业性期刊,其主要内容是广告业界的动态反映、最新案例介绍、产业发展的年度报告及细分市场的研究报告。在这个层面,比较具有代表性的刊物是《广告时代》和《广告周刊》。随着互联网的发展,杂志开始电子化,上述两份杂志也都建立了各自的网站,分别是 http://www.adage.com 和 http://www.adweek.com。网站上不仅有业界的新闻和资讯,还有博客和播客,用户可以通过 RRS 订阅及时了解广告行业发展的最新动态。其中,动态信息是免费的,但行业及细分市场的研究报告是有偿的,因此,这类期刊又被称为商业性刊物。在信息技术的快速发展和经济全球化的背景下,这类行业期刊正在往专业信息传播和服务的综合平台方向发展,纸质刊物变成其专业知识服务的一种形式而已。

第二个层面是学术性期刊,按照其内容涉及的范围,又可以分为两类内容。一类是有关广告及其运作规律的探寻与研究,具有代表性的研究刊物有由美国广告研究基金会主办的《广告研究》(Journal of Advertising Research)、美国广告学术研究会主办的《广告学刊》(Journal of Advertising)和《互动广告学刊》(Journal of Interactive Advertising),以及由英国广告协会主办的《国际广告学刊》(International Journal of Advertising)等。这些刊物主要围绕广告本身展开研究,话题涉及以下三个方面:第一,技术进步催生的新媒体广告研究,如手机广告等;第二,各种细分市场的广告运作规律研究,如女性消费市场、少数民族消费市场、蓝领阶层消费市场、奢侈品市场、房地产市场、医药市场等;第三,广告发展的趋势研究,如随着经济全球化的发展,国际广告成为广告发展的一个重要领域,对国际广告的研究已成为热点。总之,这一类学术期刊的研究重心是广告的应用性。

第三个层面主要是从社会、文化、历史的角度探讨广告与社会、文化间更深层次的互动关系,或对广告运作规律展开更深层次的理论分析与总结。在这方面,有代表性的杂志是 CTC 出版社(CTC Press)主办的《广告时事研究》(Journal of Current Issues & Research in Advertising)和美国广告教育基金会主办的《广告与社会评论》(Advertising & Society Review)。

根据刊物涉及的知识层面和主要内容,可以分为行业型和学术型两大类。其中,学术型的刊物又可以分为应用型和理论型两种。

二、美国、英国、日本的广告期刊情况

学术期刊作为一种媒介,可以开启学术研究、激发论道热忱、窥视学术发展方向。广告业发展到一定阶段后,对应的学术期刊也必将出现,并在长时间内对广告教育的发展产生积极作用。

美国比较具有代表性的广告类学术期刊有《广告时代》、《广告周刊》(Advertising Week)、《广告学刊》(Journal of Advertising)、《公共关系研究》(Journal of Public Relations Research)、《创意》(Creativity)、《广告研究》(Journal of Advertising Research)、《国际广告与儿童市场》(International Journal of Advertising & Marketing to Children)、《国际传播研究》(The International Journal for Communication Studies)、《广告教育学刊》(Journal of Advertising Education)、《整合传播》(Journal of Integrated Communication)、《广告与社会评论》(Advertising & Society Review)等,英国比较具有代表性的广告类学术期刊有《国际广告学刊》(International Journal of Advertising)等。

除了上述美、英两国具有代表性的广告类学术刊物外,还有许多杂志从不同的角度对广告展开了多向度的研究,其中具有代表性且与广告学关联度较大的是新闻/传播类期刊和新媒体类期刊,如美国的《整合营销传播》(Journal of Integrated Marketing Communication)、《新闻与大众传播季刊》(Journalism and Mass Communication Quarterly)、《新闻与大众传播学指南》(Journalism and Mass Communication Directory)、《新闻与大众传播学论文摘要》(Journalism and Mass Communication Abstracts)、《电子媒介》(E-Media)、《全球媒介与传播》(Global Media and Communication）、《广播与电子媒介》(Journal of Broadcasting & Electronic Media)、《计算机媒介传播》(Journal of Computer-Mediated Communication)、《医学市场营销与媒体》(Medical Marketing & Media)，英国的《新媒体时代》(New Media Age)等。

日本比较具有代表性的广告类学术期刊当属日经广告研究所创办的《日经广告研究所报》《广告研究报告》《广告白皮书》，其他的还有日本广告学会创办的《广告科学》《日本广告学会会报》，全日本广告联盟创办的《全日本广告联盟》《全日本广告联盟名录》，日本广告业协会创办的《日本广告协会月报》《报纸的广告费率表》《广播的广告费率表》，电通创办的《新闻时代》《电通报》和博报堂创办的《广告》等。

第六章 国外高校广告教育的发展趋势

当今世界教育的发展趋势与综合特点是国际化、信息化、市场化,为适应这一趋势,各国都对各自的教育模式进行了相应的调整,充实了教育资源,提高了教育水平。广告学作为时代性和应用性极强的一个专业,广告教育首先应与当今世界教育的发展趋势与综合特点密切接轨。实际上,各广告教育大国自20世纪90年代中期以来,就已对各自的广告教育展开了与时俱进的讨论,并提出了科学发展广告教育的新思路。

第一节 国外高校广告教育的个性化发展趋势

从世界范围来看,高校的广告教育在经历了百余年的发展之后,已取得了明显的成就。当前,世界大多数国家的诸多大学均设置了广告学专业或开设了广告课程,只不过在规模或层次上有所区别。同样,各国的广告学界几乎都出版或翻译了广告学方面的论著,虽然在数量和质量上有所差异。当然,就各国广告教育的主体而言,虽然无数的广告公司也开展了各式各样的广告理论与广告实务的培训与教育,但从总体和本质上看,现代广告教育的主要阵地还是在各国的大学里(除少数国家之外),而且各国的大学广告教育也因各自不同的历史发展或现实情况而各具特点,使今天的国外高校广告教育事业正呈现出个性化发展的趋势。

一、美国广告教育的发展趋势

(一) 从专业地位来看,广告学仍将是美国高等教育的重要专业

美国是世界上广告教育质量和规模都处于领先水平的国家。100多年来,美国的广告教育培养了大批优秀的广告人才,他们为美国广告产业的世界强国地位作出了决定性贡献。根据艾瑞市场咨询发布的报告,2006年全球广告经营额约为4334亿美元,比2005年增长6%,北美洲以经营额1831亿美元位列第一[①],可见美国广告产业之强势。尽管1997年的亚洲金融危机和2008年的美国次贷危机及由此引发的世界经济危机先后影响了美国广告业的发展速度,但其近年来还是始终占据全球广告市场超过四成的比例。根据GroupM(群邑集团)发布的数据显示,全球广告市场规模在2016年达5 291.34亿美元。其中,美国的广告支出费用最高,为1 908.35亿美元(占总额的36%),居于首位[②]。这依然显示出美国广告产业巨大而强劲的国际竞争力。随着世界经济总趋势的快速发展和国内外市场的激烈竞争,各国跨国广告公司对广告人才的培养不断产生新的要求,这就决定了美国高校必将更加重视广告教育在质与量上的变化和提高。

此外,在新科技革命的巨大影响下,新媒体与网络广告在美国发展迅速。2013年,美国的网络广告营收超400亿美元,首度超过广播电视;2018年,美国互联网广告的市场规模超1 000亿美元,同比增长30.89%;2020年,美国互联网广告的市场规模超过1 400亿美元[③]。根

[①] 《2006年全球广告经营额4 334亿美元:北美、亚太区域的经济增长成为拉动全球广告市场的主要动力》,《现代广告》2007年第1期,第22—24页。
[②] 《全球广告行业市场分析:2017年广告支出费用将达5.2亿美元》,2017年7月13日,中商情报网,https://www.askci.com/news/chanye/20170713/165304102918.shtml,最后浏览日期:2023年10月1日。
[③] 《2022年美国互联网广告行业市场规模与竞争格局分析 市场发展趋于成熟》,2022年2月15日,前瞻经济学人百家号,https://baijiahao.baidu.com/s?id=1724975793661355584&wfr=spider&for=pc,最后浏览日期:2023年10月1日。

据 Interactive Advertising Bureau 和普华永道的一份新报告，2022 年美国的数字广告收入增长 10.8%，达到 2 097 亿美元，比 2021 年增加 204 亿美元[①]。尽管网络广告和数字广告还不能完全取代传统平面媒体与电视、广播等媒体广告的地位，但毫无疑问，前者具有比传统媒体广告更为广阔的未来。这也在客观上要求美国的高校必须加速变革，改变传统广告的教育内容和教育方法，培养大量适应新形势、新环境的新型广告人才。

近年来，随着新兴工业国家和新兴发展中国家在广告市场上的快速发展，美国的世界广告霸主地位不仅受到来自欧洲国家和日本等老牌广告大国的直接挑战，也面临诸如新加坡、韩国、巴西、印度尼西亚、南非及包括中国在内的新兴广告产业大国的潜在挑战。为应对这些严峻挑战，拥有大批高素质广告人才自然是美国广告业界不可缺少的取胜砝码。从美国这几年不断发行的《我应该去哪里学习广告和公关？》中可以看到，其广告学专业招生数量的增长、硕/博士学位点的增加和教学目标的变化表明，美国仍将大学的广告教育作为培养 21 世纪新型广告人才的主要阵地，其广告学专业将依旧占据美国大学学科发展的重要位置。

（二）从学科内质来看，广告学的专业性将更强

广告传播要想取得预期的效果，就必须在大量的调查与研究的基础上进行科学策划、艺术制作和有效传播。在新媒体时代，运用传统广告媒介或广告活动来取得现代意义的传播效果已十分困难，这就要求现代广告人具备更全面、更丰富、更深入的广告学知识。因此，在这种情况下，以培养广告人才为主要目标的美国高校广告教育无疑会更加重视和强化广告学的专业性，即在开设基础性课程的同时，让学生学习专业性

[①]《报告：去年美国数字广告收入增长 10.8%至 2 097 亿美元，但增速大幅放缓》，2023 年 4 月 13 日，界面新闻百家号，https://baijiahao.baidu.com/s?id=17630191277300486948&wfr=spider&for=pc，最后浏览日期：2023 年 10 月 1 日。

更强的课程。在一些美国学者的呼吁下，一些大学的广告学专业开设了一部分新课程，如媒介策划（Media Plan）。美国的广告学界有个共识，即在广告媒介环境变革的今天，以往广告教育中的媒介策划课程需要进行调整，以跟上新媒介发展的步伐。根据美国一次焦点小组调查[①]，广告/媒介从业人员和研究人员在被问到广告媒介的未来和广告学专业学生应做哪些准备时，他们认为除基本的媒介技能之外，学生还应掌握媒介新词汇和计算机名词（如字处理、电子制表、在线导航等）。学生不应该仅了解媒介，还必须是通才，应该在总体营销目标下来制订完整的媒介计划，并且在执行过程中要非常熟悉媒介的内部运作。未来的广告媒介专家必须能从营销的角度全面地分析媒介战略和消费者，更重要的是，能将分析运用到有意义的、具体的广告传播行动项目中。学者和专家还提出，在向学生提供充足的有关媒介的基础教育的同时，还应多向学生提供来自业界的最新经验。因此，学者和专家建议，除了开设媒介基础课程，媒介策划课程还必须让学生有机会分析大量媒介案例，学会使用媒介研究数据和软件。学生必须跳脱仅从客户的角度看待问题，还要能够运用媒介分析工具提供销售建议。他们还要接触媒介购买的不同领域，如谈判合同、实购与计划时段比较、收视点费用等。

开设的新课程中还有一门是整合营销传播（简称 IMC）。尽管 IMC 是一种趋势，但美国高校的广告教育中实际上转变为 IMC 的课程并不多。在 2005 年出版的《我应该到哪里学习广告和公关？》中，提供 IMC 教育的学校只有 5 所，但开设整合营销传播课程却引起了美国广告教育界的关注。在美国高校广告学专业实践整合营销传播项目的大学中，西北大学硕士阶段的广告/IMC 项目最为突出，南伊利诺伊大学本科的广告/IMC 项目也得到了极大的认可。西北大学整合营销传播系主任弗兰克·穆尔赫恩（Frank Mulhern）说，该项目始于 1992 年，当时的广告

---

① 参见得克萨斯大学教师讨论会报告"New View of the Traditional Advertising Teaching Field"，http://advertising.utexas.edu。

项目开始变为整合广告和营销传播项目,后来进一步演变为 IMC;现在又增加了数据营销、整合管理程序、市场财务等方面的课程;2005 年秋季学期,在传播技巧方面又新增了媒体经济方面的课程,原来的促销课程也被整合为销售组合计划课程。

(三) 广告教育将在多学科的综合中走向成熟

广告学是一门综合性学科,广告学与公共关系学的结合由来已久,已成为关系十分密切的互动专业。同时,广告学又与商学、营销学等学科密不可分。社会的发展、市场的细分、新媒体的出现等多种因素冲击了包括广告在内的传统传播方式。面对全新的传播环境,现代企业和广告公司开始重视市场细分和小众化传播,要想准确地分析消费者,就需要认清市场的现实形势,所以广告人仅掌握单纯的广告学领域的基本知识是远远不够的。从整体上看,广告学需要得到丰富和发展,要在与其他学科的相互渗透中谋求发展。于是,近年来美国的部分大学将广告学与其他学科结合起来,形成了一种新的广告教育方向。

20 世纪后半期以来,越来越多的美国大学开设广告学/公共关系学专业方面的课程,而且在美国大学的招生宣传中,广告学专业也常与公共关系学专业一同出现。在越来越国际化和全球化的商业社会中,人与人的基本关系日趋复杂,市场的变化必然引起教育的变革,广告/公关专业就是在市场营销和社会关系需要结合的背景下进行的一种探索。

据堪萨斯大学的鲍勃·巴索(Bob Basow)统计,1995—2003 年,单纯的广告学专业减少了 23 个,而广告学/公共关系学(AP)的联合专业从 12 个发展到 48 个。这一情况说明,在美国的一些大学中出现了把广告学专业和公关学专业,合并为广告学/公共关系学专业的趋势。

广告与公关的结合,一方面体现了广告教育对广告业人才需求的调整,也显示了传播策略已经取代制作和技术,成为广告教育的重点。以密苏里大学新闻学院为例,在该院 2006 年秋季广告学本科专业的课程表上,涉及公共关系方面的课程有 4 门,而名称中带有"广告"字样的课程只有交互性广告(Interactive Advertising)一门。

(四) 从理论与实践的结合看,广告教育将更加注重对学生综合素质的培养

2001年,来自广告教育领域内的代表聚集在得克萨斯大学奥斯汀分校,出席美国第一届广告教育峰会,就广告教育的未来趋势与对策达成重要共识。根据会议发表的《2001年广告教育峰会白皮书》,加强对学生综合素质的培养是美国广告教育在21世纪的重点要求和主要目标。为此,峰会具体提出:本科学生在学好基础专业的同时,还要具备良好的文案写作能力、语言表达能力、独立工作能力、团队合作能力、独立思考能力;研究生应具备创新思维能力、专业开拓能力、示范领导能力、问题管理与处理能力,以及对市场、商务和投资的洞察能力等[1]。

为了落实会议共识,白皮书强烈要求大学中的广告教育者深入思考以下10个建议。

① 积极鼓励学生在品牌发展与商务处理方面进行独立和具有批判性的策略思考。此外,还要加强学生的文字和语言交流、演讲和演示、团队合作、时间管理等方面的策略性技能教育。

② 强化教师的教学能力,提高涉及品牌、营销传播、全球化市场等相关技术课程的重要性。为此,白皮书建议在课程设计上作出调整:首先,修改现有课程的内容;其次,添加一些由业界人士参与并能反映上述主题特点的课程。

③ 对学生提出更高的标准和要求,加强学生对有关广告道德伦理方面的教育,包括对学生的环保意识及广告对社会影响等方面的教育。

④ 筹建一个由广告公司、媒介、广告主组成的咨询委员会,为广告教育提供战略意见,并协助募集广告科研资金。

---

[1] John H. Murphy, *2001 Advertising Education Summit*, The University of Texas at Austin College of Communication Department of Advertising, 2001, pp. 21 – 22.

⑤ 发展更强大、更有意义的产业联盟作为扶持：首先，雇佣大学毕业生和实习生；其次，赞助有关科研项目和研究；最后，为课程问题提供建议。

⑥ 鼓励学生和教员使用新技术。这不仅需要战略思想，还需要技术的支持。

⑦ 利用美国广告联合会学术分会作为跨校课程资料共享的平台。

⑧ 联合商学院或其他相关学院打造更强大的联盟，并进行跨学科课程教学，鼓励学生学习更多的跨学科课程。

⑨ 通过鼓励和培养具有专业性、职业导向性的学生组织（如 AAF、PRSSA），加强与专业团体的联系。此外，应该鼓励学生开拓除了广告媒介之外的职业导向，以开放的姿态面向来自媒体、供应者和客户提供的各种机会。

⑩ 制订有关计划和措施来吸引最有前途、能力最强的学生接受广告教育并投身于广告事业[①]。

（五）从全球化的发展趋势看，广告教育面临新的挑战

全球化是一个不可逆转的信息传播大变革的时代，这也是美国广告学界与广告业界的另一个共识。由此，美国的广告学界和业界都提出广告教育者应重新思考如何为青年学生建造一个新的平台，让他们有足够的能力面对新的挑战。例如，在教学中如何启发学生思考一个全球性广告公司的未来；如何让学生了解虚拟地球村存在的可能性；如何让学生参与全球化议题下的各种有关广告问题的讨论和教学；如何让学生理解全球化对传统文化传播的影响；如何让学生真正了解广告的标准化、本土化及权变理论的本质和区别。

基于此，如何设计出真正能适应全球化挑战的广告课程体系，即在

[①] John H. Murphy, *2001 Advertising Education Summit*, The University of Texas at Austin College of Communication Department of Advertising, 2001, pp. 32-33.

多大程度上将全球化问题带入课堂和学位课程是未来广告教育中的一个棘手问题。对此,美国的许多广告教育专家提出,全球化问题可以渗透在广告学的各门基础课程中,而非作为专门的选修课,既然获得来自世界的信息和知识变得越来越容易,实施这种课程体系就需要教育者增加智力投资。因此,广告教育者必须采用全球性的视角来观察、研究和教授广告传播的新内涵。

二、日本广告教育的发展趋势

作为全球第二大广告市场的日本,其广告教育别具特色,即大学里基本上不设广告学科,广告人才的培养主要通过社会培训来完成,一些大型广告公司自主培养广告人才的方式构成日本社会广告教育的主要方面。不过,要在竞争激烈的国际广告业中立于不败之地,日本广告界也在不断地进行调整,在对广告人才的挑选和培养方面呈现一些新的走向。

早在1991年,日本广告商协会就对日本广告教育的未来趋势做了调查,其详情和结果见表6-1。

表6-1 调查报告的投票结果

未来趋势	投票占比(%)
1. 对业务教育的重视	14.8
2. 对学制性学习的重视	14.8
3. 对营销交流观点的重视	9.3
4. 理论和实际的结合	9.3
5. 对社会性机能的重视	9.3
6. 对企业和教育协作的推进	7.4
7. 独立广告学部、学科等的设立	7.4

(续表)

未来趋势	投票占比（%）
8. 对计算机等相关设备的使用	7.4
9. 对广告教学课程的整顿	5.6
10. 其他	3.7
11. 没有回答	11.0
总计	100

如表6-1所示，业务教育和学制性学习最受重视，其次是营销交流及理论与实际的结合。特别需要注意的是，日本业界的广告教育视野中出现了独立的广告学部、广告学科的设立，以及整顿广告教学课程这几项新内容。这将改变日本高校一向不单独设立广告学专业的情况。

在对10名讲授过广告论的教授的面谈访问调查中，他们对于"今后广告教育的位置"的回答值得关注。

第一，要根据现实的动向实施广告教育。日本大学中虽然设置广告学专业的很少，但涉及广告的讲座很多。近年来，广告讲座的数量更是呈现出逐年增加的态势，来自业界的客座教师和企业家讲师可以将实践经验和第一线的鲜活资料穿插在理论教学中，为日本的广告教育提供了良好的平台。

第二，要重视业务教育，尽快培养出有竞争力的实干型人才。广告学是一门应用性很强的学科，在日本，企业把培养广告人才视作一种服务社会的责任。除了从业前的培训和教育外，对日本广告人才从业后的职业培训也很重要。广告公司对新入公司的职员进行培训，使其迅速熟悉业务，掌握相关知识和技能；对老员工也要进行终身培训，使其成为优秀人才。需要注意的是，在日本，企业终身雇佣制受到一定程度的冲击，面对用人制度的变革，日本公司内部的职业教育必须进行调整，改变职业培训只为本企业生产服务的状况，打破过去封闭的培训模式，加强各产业、企业间的交流与合作，进行全面的知识技能教育，开展与社会现实需要相吻合的教育，培养具有自主性、创造性的人才。

第三，要重视学术性与体系性的教育。广告业务要求从业者在实践中活学活用，但如果没有学术体系作为支撑，广告人才很可能会面临后劲不足的尴尬。要在日益激烈的国际竞争中立于不败之地，就必须培养富有创造性的人才。近年来，日本职业教育开始注重学生的个性发展及对创造性的培养，培养既有技术又有高尚情操的现代从业人员。日本未来广告教育的一个趋向便是在大学里设立广告学部、广告学科，所以，现在日本高校在一定程度上改变了专业结构和课程设置，使学生可以在较为宽泛的范围内选择课程，使系统性的学术学习成为可能。同时，在终身雇佣制受到冲击的情况下，职工在企业外获得社会认可的职业资格证书开始得到重视。

第四，高校的广告讲座要细分化、多样化。一般说来，按照内容可以将讲座分为三种类型：第一种，广告概论和市场营销，侧重于广告综合理论方面的知识；第二种，综合实践，授课内容包含课堂演习和练习；第三种，广告各个单独领域的讲座，侧重理论和实践的统一。

第五，加强对计算机软件和相关设备的更新与补充。为了适应信息化时代的要求，日本政府制定了"教育信息化计划"，并提供财政资助，文部省还要求学校充分利用信息网络以提高教学质量。

第六，拓展广告教育的国际化与全球化的视野。在经济、政治、文化日趋全球化的背景下，为适应国际化发展的需要，日本不仅从教育内容方面充实国际广告的内容，培养国际化的职业技术人才，还强化了外语教学，设置了与国际事务相关的新课程，开展计算机辅助教程等，以此推进广告教学的国际化和全球化。

总而言之，随着广告由量的扩充向质的充实的转换，日本的学者和业界人士已达成共识，认为致力于广告的理论研究及其实践化是自己应尽的职责。同时,他们也深刻地认识到广告应成为一门实践科学,并对广告产业的发展作出更大的贡献。

第二节　国外广告教育对中国广告教育的启示

中国的广告教育始于 20 世纪 20 年代,从时间上看并不比美国、英国、日本等国家的广告教育晚多少。早在 1923 年,北京平民大学就创立了报学系。该系于 1924 年(在报学系第一届学生进校后的第二年)就将广告学列为专门科目进行讲授,这是中国有史以来在大学里开设的第一门广告学课程。1924 年,燕京大学创办了新闻学系,规定学生须修超过 130 个学分才能毕业,其中就有广告课程的学分。1926 年,上海的光华大学开设新闻学与广告学两科,这是中国首次将广告学列为正式的大学专业。1929 年,复旦大学成立新闻系,在学生必修的 68 个学分中,新闻广告研究与新闻广告图案两门课程各为 2 个学分。1935 年,中央政治学校(台湾政治大学的前身)设立新闻学系,广告学被列为一项专业科目。

中国学者对广告的研究比中国的广告教育兴起得更早,研究范围和质量与当时的美国、英国、日本等国家的广告研究不相上下,这从中国早期出版的多部广告研究著述中可以得到证明(表 6-2)。

表 6-2　中国早期(1918—1936 年)的广告著作

书名	作者	出版地/出版社	出版时间
《广告须知》	甘永龙(译)	商务印书馆	1918
《新奇广告术》	董坚志	中西书局	1925
《广告心理学》	井开十二郎(著)、唐开斌(译)	商务印书馆	1925

(续表)

书　名	作　者	出版地/出版社	出版时间
《广告心理学》	[美]沃尔特·斯科特(著)、吴应图(译)	商务印书馆	1926
《实用广告学》	蒋裕泉	商务印书馆	1926
《广告学 ABC》	蒯世勋	世界书局	1928
《广告学纲要》	苏上达	商务印书馆	1930
《广告浅说》	高伯时	中华书局	1930
《广告学》	刘葆儒	中华书局	1930
《广告学概论》	苏上达	商务印书馆	1931
《现代实用广告学》	何嘉	中国广告学社	1931
《实用广告学》	李汉荪等(编译)	新中国广告社(天津)	1932
《广告经济学》	孙孝钧(编)	南京书店	1931
《最新广告学》	徐国桢	世界书局	1932
《广告作法百日通》	罗宗善、徐国桢(编著)	世界书局	1933
《广告学》	王贡三	世界书局	1933
《广告实施学》	叶心佛	中国广告学社	1935
《广告浅说》	高伯时	中华书局	1930
《广告学》	赵君豪	申报馆	1936
《霓虹广告术》	陈岳生(译)	商务印书馆	1936
《华商广告公司成立十周年纪念文集》	陈泠、胡政之、马荫良等	上海华商广告公司印制	1936

据不完全统计,20世纪20—40年代,我国出版的广告图集有北京美术学校出版部绘制的《广告应用图案集》(1919年),上海形象艺术社出版的《五彩活用广告画》(洪方竹,时间不详)、《广告画经验指导》(张一尘、郑忠澄,1933年)、《商店应用广告图案集》(洪方竹,1939年)。

可惜，1937年之后，艰苦卓绝的全面抗日战争和解放战争使中国方兴的广告教育同当时的国家命运一样，受到了重创。只有很少一部分广告研究方面的著作在当时的上海零星出版，如陆梅僧的《广告》(商务印书馆，1940年)，曹志功的《广告与人生》(商务印书馆，出版时间不详)，吴铁声、朱胜愉编译的《广告学》(中华书局，1941年)，丁馨伯的《广告学》(立信会计图书用品社，1946年)，如来生的《中国广告事业史》(上海新文化社，1948年)，冯鸿鑫的《广告学》(中华书局，1949年)等。但是，在积贫积弱的中国，这些零散的研究成果改变不了中国广告学由此而一蹶不振的情景。

中华人民共和国成立后，中国大陆的广告事业(包括广告教育)长期处于滞息状态，中国广告学更是落后于西方发达国家。

中国真正意义上的广告教育在20世纪80年代开始发展。1983年，厦门大学成立广告学本科专业，开中国高校广告教育之先河。从此，中国的广告教育开始复兴并飞速前进。截至2018年年底，据不完全统计，我国已有420多所高校在本科开设广告学专业，有50多所大学设有广告学方向的硕士学位点，有10多所大学拥有广告学方向的博士学位授予权。可以说，中国在不到40年的时间里一跃成为世界广告教育大国。

但是，中国广告学专业的"超速"发展也给高校广告学教育带来了一系列问题，如培养目标模糊、专业设置无序、师资水平不高、课程设置随意、教育经费匮乏、图书资料有限、教学手段落后、实习基地有限等。中国高校广告学教育实际上呈现的是一种粗放式的发展态势，与世界一流的广告强国相比较，我国目前的广告教育事业还处于起步阶段，中国的广告教育事业无疑任重道远。

因此，中国高校的广告教育应思考如何正确地定位自己的理念和目标，在中国广告教育理念和目标的统领下，立足现实来规范和创立我国高校广告学的教学模式，进而建立起一套切合我国实际的教学课程体系和教学质量评价体系,特别是构建和创新中国特色的广告学理论体系,适应我国经济建设对各类高级广告人才的需求。这是当前高校和学界需要研究和解决的一项迫切而又重要的任务。

"他山之石,可以攻玉。"正是在这一背景下,学习国外广告教育已有的科学理念和成功经验,借鉴国外高校广告教育的发展路径和运作模式,尤其是广告强国的广告教育历经百年积淀下来的精华,可以为我国高校广告教育事业的高质量发展注入一股强大的内动力,并提供大量可资借鉴的优秀案例。这将为世界最具发展前景的中国广告产业在培育具有国际竞争力的优质广告人才的过程中提供参考样本,推动我国广告教育模式的确立。

一、中国广告教育的理念和目标

《中国教育发展和改革纲要(1990—2000)》对中国高校的教育目标进行了具体描述:"各高等学校都要面向社会主义现代化建设,大力培养多种规格、侧重应用的人才,同时也要注意培养适当数量从事研究和教学的人才。"实际上,早在多年前,曾任清华大学校长的梅贻琦先生业就解释过高校的教育理念,即大学教育观的核心在通才教育,给学生以"通识"和"知类通达"的学术训练,培养通识博学、有深厚底蕴和较强创新能力的人才是大学的使命。当然,这一概述已成为当今世界许多知名大学在教育目标方面的共识。

然而,面对今天竞争激烈的市场经济环境、复杂多元的社会需求和国际化的发展趋势,培养政治素质优良、心理素质稳定、专业素质过硬的高级广告人才已成为高校广告学专业培养学生的最现实、最迫切的目标。

二、广告学专业课程体系的个性诉求

(一)广告学课程体系的设计理念

一般来说,一门成熟的学科在发展到一定阶段后,大多会深入探讨一种贯穿学科始终的课程体系与课程理念问题。课程体系的设置和建构无疑是一个系统工程,它涉及教学目标、课程体系理念、课程的整体规划与前后衔接、讲授内容的规范与系统、师资的选聘与要求、教学设备的调度与应用、专业实习和课外指导的安排与指导等问题。当然,课程体系和课程理念也会随着时代的发展而与时俱进地发生变化。

中国较为短暂的粗放式广告教育发展导致高校的广告学课程体系建构大都不尽如人意。究其原因,一是高校本身的教学实力使然,即课程设置的随意性较强,时常有"因人设课"的现象;二是学校不了解广告学教育体系的本质,时常有"新瓶装旧酒"之为,即强行用各类原有的公共课程或所属院系的部分课程填充广告学领域的课程空白。

实际上,课程体系的设置和建设既是实现教学目标的具体实践,又是深刻涉及师资队伍建设、专业学科发展、学科理论体系构建等一系列重要问题的关键环节。因此,科学地规范广告学的课程设置体系已迫在眉睫。

(二)课程的设置与建设

参考其他国家广告学课程的设置与建设,我们可以深刻地领会到,课程设置的科学与否,实际上反映和折射的是该专业的专业特质和专业水准。具体而言,可以从以下两个方面作出努力。

1. 优化课程体系

广告学专业课程设置必须要有自己的个性。首先,在课程的总体设计上突出主干课程和核心课程的位置,即课程的总体设计既要符合广告学学科的体系性、完整性、规律性、创新性原则,体现广告学的学科特征,又要根据市场需求和教育规律在课程的具体设置上重点设计和突出主干课程和核心课程,不能按照本校的师资情况和个人意愿随意地增减有关课程。

其次,在课程的课时安排上,既要统筹考虑每门课之间的有机联系,又要解决重点课程与一般必修基础课程之间因课时有限而形成的"争课时"矛盾。学校可以适当地合并一些课程,增加一些特色课程。例如,考虑广告市场调查、广告营销、广告评估这三门课是否可以合并为广告营销一门课,对应地缩减三门课的总学时;面对日新月异的科技发展,增加国际广告、跨文化传播、网络广告、数字广告、大数据等核心课程来凸显专业特色。

再次,在课程的课外自学安排上,要尽量安排好学生的自学课程。既可以减轻他们的课时压力,也可以培养他们的自学和自我创新能力。例如,中外广告史、中外精品广告赏析等课程完全可以让学生自学,或用学生自学与教师讲授相结合的方法来完成。当然,学生自学并不是放任不管,必须创建一套机制来监督和保证这些课程的教学与学生自学。

最后,在课程的体系设置上,要解决好就业学生和考研学生对有关课程的不同需求。受我国教育体制的影响,学生的就业和考研意向可能会与其所学课程的设置和有关课程的学期安排产生矛盾。因此,在课程的设置上可以适当地考虑在大学三年级时进行就业生和考研生的"分流",即增加选修课并设计灵活一些的时间安排,有些课程应与就业的技能要求相匹配,有的专业课程要适当考虑考研学生的需要。

2. 创新课程建设

课程建设是专业发展的内动力,也是学科创新的重要基础。

课程建设与创新需要一个完整的理论体系作为支撑,以学科发展的前瞻眼光作为基础。虽然目前我国的广告学理论体系尚不成熟,但我们应该了解和借鉴国外优秀的广告学理论和教学模式,以"有所不为,才能有所为"的理念开启广告学课程的探索、创新之路。具体而言,可以从以下四个方面入手。

第一,在课程品质上寻求创新,即根据师资结构和学科课程体系,选择2—3门主干课程为目标,实施"精品课程""金课"战略。具体可以通过创新相关课程的教学内容、教学方法、教学形式与教学手段,重新编写几门主干课程的教材(编著具有教学特色的若干精品教材),进而以此为基础来构建和完善广告学基础理论体系。

第二,在重点课程上形成特色,即根据现有的课程设置体系,在适当加强重点课程教学力度的同时,增设 2—3 门具有特色的专业核心课程(兼具创新性),以凸显和提升广告学课程的生命力和学术性,并以此为基础拓展师生的学科视野,培育和创建自己的学科高地。

第三,在教学方法上注重个性。在教学硬件(如多媒体等)日趋成为重要教学手段的今天,教学方法也成为当前教学创新的主要领域。直观教学、比较教学、案例教学、思辨式教学、互动式教学等不同角度与不同组合的艺术授课形式,可以将枯燥、艰涩的理论内容变成生动、有机的多维形象和立体展示,为精品课程和特色课程的创新提供一种个性化的范式。

第四,在教学实践上要走出去。广告学是一门应用性与实践性极强的专业,广告理论与广告实务的相互验证与促进至关重要。然而,这些年来,同行间缺少联系、教学内容跟不上时代发展步伐或与社会实际脱节等现象,使广告学专业的学生在进入社会后经常处于十分难堪的境地。因此,广告学专业势必要走开放办学的道路,把院系、广告经营单位、社会三者有机融合,让广告业界的知名人士走上教室的讲台,让学生不断接触专业的广告世界,只有这样才能改变院校广告学专业封闭办学的现状,使广告学专业的学生适应专业化、社会化和国际化的需要。

(三) 师资队伍的建设与优化

广告学师资的质与量的问题是困扰当前高校广告学教学的一大瓶颈。

首先是师资的专业结构问题。目前,从国内高校广告学一线教师的专业知识结构上看,一般可分为三类:一是毕业于传播学(包括广告学)或新闻学专业的教师;二是毕业于与广告学接近的基础学科(如中文、经济、管理、艺术等)的教师,他们经过专业转向,转而成为广告学专业课程的主讲教师,或者发挥自己原专业的优势,成为广告学基础课的主讲教师(如广告文案、广告史、广告经营与管理、广告法规等);三是其他专业毕业的教师,他们一般成为从事基础课或公共课(如文史哲、专业英语、计算机基础等)的主讲教师。

其次是师资的数量问题。这可以从两个方面来理解:一是相对数量,即在高校广告学专业从事广告学教学的一线教师中,毕业于邻近学科(如中文、管理、艺术等学科)的教师占一大部分,毕业于传播学(包括广告学)和新闻学专业的教师则相对不足;二是绝对数量,即在高校广告学专业中,从事广告学教学的一线教师由于编制有限而数量严重不足,甚至有的高校广告学专业的教师只有5—6名,其余的则靠其他专业的教师"凑数"。

要解决高校广告学专业师资的问题,可以从以下三个方面着手。

第一,为所有教师进行专业方向定位,即根据现有师资的专业知识结构与专长,在院系确定学科发展的几个主要方向后,对所有教师进行专业方向定位,并对所有不同专业方向的教师进行重点优化组合,从而形成一个具有一定合力优势的、个性化发展的、在国内学界具有一定竞争力的专业师资团队。

这样做的好处是,所有教师(无论其原来学习的是什么专业、具有何种学历和职称)都将在院系的学科团队里明确专业方向要求,进而成为具有专业素养和学术造诣的专业教师。

第二,实现"教、学、研"一体化,即根据师资和所开课程进行有机的匹配。具体可以将主讲教师、主讲课程、主要科研方向这三者紧密统一,形成"教、学、研"的一体化、长期化、目标化和考量化,培养一支教有所长、学有所长、研有所长的教师队伍。

这样做的好处是,各位教师(无论是教授专业课还是基础课,或是两者兼有)的"教、学、研"和"职、权、利"明确、稳定,可以形成一种自律机制,促进教师自我加压和自我规范。

第三,加强高校间的师资交流。缺乏专业教师是个普遍问题,但各高校之间若能加强合作与交流,特别是加强教师之间的合作和互助,可以有效地解决专业教师的缺乏。例如,有些重要的专业课程因缺少师资而无法开设时,可聘请邻近的兄弟院校的教师让教师资源流动起来。

这样做的好处是实现了优质资源互享。本来难以开设的课程由此有了质量保证,而且兄弟院校之间的教师交流使聘用成本大大降低,教师间的互相学习也优化了各自的师资队伍,促进了广告学教学与科研的发展。

三、广告学专业课程教学领域的拓展

教学与科研历来是相辅相成、互为依托的一个整体。科研是教学质量的保证和支持,教学是科研的基础和落点之一,拓宽广告学的教学与研究领域,是加强高校广告学教学创新的重要举措。

(一)拓宽广告学的教学与研究领域

当前,中国的广告学主要还是参照西方广告学的理论体系和主要课程设置。实际上,用辩证的眼光看,高校可以在深入研究国外广告学的理论体系、考察国外广告学的教育经验和成果的同时,走出一条属于自己的广告学教学与研究的创新之路,不断探索和拓宽广告学的教学和研究领域。比如,可以根据学科优势和特点将广告学的学科研究领域拓宽到诸如广告社会学、广告政治学、广告伦理学、广告经济学、广告法学、广告公关学、广告文化学等方面,丰富广告学的学术范围,大大提升广告学的学科地位,进而深化广告学的教学改革。

另外,各高校也可以根据自己的研究和教学方向,将广告学的基础研究领域拓展到广告学的其他分支领域。具体涉及:①不同性质的广告,如政治广告(包括意识形态广告、政治形象广告、军事广告、公共政策广告等)、公益广告(包括社会形象广告、赞助广告、响应广告等);②不同空间的广告,如国际广告(包括国别广告、跨文化传播广告等)、都市广告(包括都市商业广告、都市视觉广告等);③不同问题指向的广

告,如新媒体广告(包括数字广告、AI 广告、新媒体广告规制等)。这将大大扩展广告学的学术视角,加强广告学研究和教学的动力。

(二) 创新广告学的教材建设

教材是教学和学科建设的重要组成部分,这方面可以学习、参考和借用已有的经典教材,并在此基础之上走出一条创新的广告学教材之路。

创建具有特色和创新性的广告学教材应具备三个前提条件,即前瞻的学术眼光、充分的文献资料、深厚的学术功底;坚持四个原则,即角度、体例、内容、理论观点都要新颖。此外,想要创新广告学的教材建设,在确定选题后还要再进行比较研究和反复论证,集中优势力量来完成优质教材的编写。

(三) 增加实践性教学

应用型人才是广告行业中的主力军,广告高级应用型人才的社会需求量很大。因此,在专业教学中要特别重视理论教学与社会实践的结合,建立起较高层次的实习基地,积极组织学生走向社会、面向市场,得到实际的锻炼。同时,尽量让学生了解并参与具有国际背景的广告实践过程,增强实践性专业教学。例如,请著名广告公司的业务骨干开办讲座,或让学生直接参与正规广告公司的业务工作,鼓励学生参加各类广告大赛。

总而言之,各高校在教学上应拓宽教学研究领域,创新专业教材,科学地完善课程体系,积极与同行交流,取长补短,使自己的视野越来越宽广。同时,随着形势的发展,各院校必须坚持开放办学,与外界积极沟通,并将院校、广告公司、现代社会三者有机地融合在一起,从而营造一个崭新的广告教育大环境。这是当今我国高校广告教育的主要思路。

毫无疑问,广告是一个知识密集、技术密集、人才密集的高新技术产业,广告业的竞争说到底是广告人才的竞争。我国的广告教育必须立足中国国情,面向市场经济,面向改革开放,加快与国际广告界接轨。在此基础上,我国的广告教育还应拓宽道路,改变传统的办学思维与模式,加快广告学研究和广告学教育的发展,使我国高校广告学专业真正成为 21 世纪中国广告业大发展的参与者、支持者和主力军。

主要参考文献

专　　著

1. 英国驻华大使馆文化教育处：《英国留学指南·2007》，中国大百科全书出版社2007年版。
2. 陈培爱：《中外广告史：站在当代视角的全面回顾》，中国物价出版社1997年版。
3. 张金海、姚曦：《广告学教程》，上海人民出版社2003年版。
4. 杨海军：《中外广告史》，武汉大学出版社2006年版。
5. 杨海军、王成文：《世界商业广告史》，河南大学出版社2006年版。
6. 姚曦、蒋亦冰：《简明世界广告史》，高等教育出版社2006年版。
7. 赖建都：《台湾广告教育：回顾与前瞻》，台湾高雄复文图书出版社2007年版。
8. 李磊：《外国新闻史教程》，中国传媒大学出版社2008年版。
9. 何辉：《电通如何成为第一：全球最大广告公司的智慧、经验、方法与技巧》，中国市场出版社2005年版。
10. 刘家林：《新编中外广告通史》，暨南大学出版社2000年版。
11. 文春英：《外国广告发展史》，中国传媒大学出版社2006年版。
12. 闫琰、陈培爱：《中国广告教育三十年研究：1983—2013》，厦门大学出版社2016年版。

13. 陈立旭:《都市文化与都市精神:中外城市文化比较》,东南大学出版社 2002 年版。
14. [美]吉尔伯特·C. 菲特、吉姆·E. 里斯:《美国经济史》,司徒淳、方秉铸译,辽宁人民出版社 1981 年版。
15. 赵育冀:《现代广告学》,中国商业出版社 1987 年版。
16. 丁俊杰:《现代广告通论:对广告运作原理的重新审视》,中国物价出版社 1997 年版。
17. 刘林清:《中国广告学》,人民日报出版社 1988 年版。
18. Henry Sampson, *A History of Advertising from the Earliest Times: Illustraded by Anecdotes, Curious Specimens and Biographical Notes*, Chatto and Windus, 1875.
19. Edd Applegate, *The Rise of Advertising in the United States: A History of Innovation to 1960*, The Scarecrow Press, 2012.
20. Billy I. Ross, *Advertising Education: Yesterday-Today-Tomorrow*, Advertising Education Publications, 2006.
21. [日]鸠村和惠、石崎徹:《日本广告研究史》,电通株式会社 1997 年版。
22. [日]岸志津江、田中洋、鸠村和惠:《现代广告论》,日本有斐阁 2017 年版。

期　　刊

1. 杨倩:《美国大学广告教育现状综述》,《东南大学学报》(哲学社会科学版)2005 年 S1 期。
2. 赵心树、杜英:《国外广告专业现状和发展趋势——美国高校广告专业发展现状》,《现代广告》2005 年第 9 期。
3. 高运锋:《传统广告教学领域的新视角》,《现代广告》2005 年第 9 期。

4. 陈月明:《美国高校广告教育》,《宁波大学学报》(教育科学版)2006年第2期。

5. 刘悦坦:《中、美高校广告学专业的学科归属》,《山西财经大学学报》(高等教育版)2006年第4期。

6. [美]John C. Schweitzer、李世凡:《美国广告教育的发展研究》,《广告大观》(理论版)2006年第3期。

7. 乔均、程红:《美国广告教育的历史变迁及现状分析》,《中国广告》2007年第12期。

8. 王润泽:《日本的广告教育》,《国际新闻界》2002年第4期。

9. 朱磊:《日本广告教育发展现状》,《现代广告》2005年第9期。

10. 何鹄志、范志国:《战后日本广告研究的三大"助推器"》,《广告人》2005年第5期。

11. 查灿长:《对国内〈路牌广告史〉和〈早期广告史〉研究中若干问题的勘正》,《上海大学学报》(社会科学版)2012年第6期。

12. 董占军:《德国广告教育札记》,《现代广告》2005年第9期。

13. 陆斌、[日]远藤奈奈:《日本广告教父镜明》,《现代广告》2006年第9期。

14. 李翠莲、范志国:《美国广告教育的启示》,《广告人》2009年第1期。

15. 查灿长、李洋:《美国高校广告教育的课程体系与师资构成刍议》,《新闻大学》2016年第2期。

16. 杨晨:《新媒体背景下美国广告教育的趋势探讨》,《传播力研究》2018年第5期。

17. [韩]刘鹏卢:《日本广告教育实况调查研究》,《广告学研究》(韩国广告学会主办)1992年第1期。

18. Keith F. Johnson, Billy I. Ross, "A Five-Year Regional Review of Advertising and Public Relations Education at U. S. Colleges and Universities," *Journal of Promotion Management*, 2001,7(1).

后　记

　　本书的第一版是上海大学原影视艺术技术学院"上海市教育高地"研究项目的成果之一。本书是在原《国外高校广告教育研究》(上海三联书店2010年版)的基础上进行修改、补充而成的,可以作为高等院校广告教育工作者、广告学院系学生及广告从业人员的参考用书。

　　本书主要是由查灿长设计、撰写、修改和完成的;上海城建职业学院的李艳松老师参与了本版的修订工作,补充和撰写了其中的部分内容;博士研究生杨钊同学做了本版的数据整理和部分文本修订的工作。本书的第五章主要由上海大学广告学系的薛敏芝老师撰写,第四章第二节的"电通公司内部培养广告人才的方式"部分是经东北财经大学王仕军老师授权从其《电通的新入职员培训制度及对中国高校广告教育的启示》(《中国广告》2008年第12期)一文中引用的,本书作者仅进行了部分修改和补充。另外,硕士研究生宋颖同学对第四章第三节"注重实践教学与学生竞赛活动"的梳理和撰写也有贡献,硕士研究生王海尧、丁合蓉同学为本书所引的部分外文资料和数据进行了核对与整理,在此特作说明。

　　本书在撰写过程中充分参考、借鉴和吸收了诸多专家、学者的研究成果,其中的许多分析论述、问题意识等是在前贤观点的启发下才得以成形的。同时,本书在写作过程中还参考和引用了相关专业书籍和期刊文章中的资料、数据和观点。由此,本书作者向有关专家、学者及相关作者表示衷心感谢。由于本书作者的水平所限,书中若有不足与错漏之处,恳望专家与读者批评、指正和原谅。

查灿长

2023 年 5 月 20 日

图书在版编目(CIP)数据

国外高校广告教育新论/查灿长,李艳松,杨钊著.—上海:复旦大学出版社,2023.12
ISBN 978-7-309-15986-8

Ⅰ.①国… Ⅱ.①查…②李…③杨… Ⅲ.①广告学-教学研究-高等学校-国外 Ⅳ.①F713.80

中国版本图书馆 CIP 数据核字(2021)第 217667 号

国外高校广告教育新论
GUOWAI GAOXIAO GUANGGAO JIAOYU XINLUN
查灿长　李艳松　杨　钊　著
责任编辑/刘　畅

复旦大学出版社有限公司出版发行
上海市国权路 579 号　邮编:200433
网址:fupnet@fudanpress.com　http://www.fudanpress.com
门市零售:86-21-65102580　团体订购:86-21-65104505
出版部电话:86-21-65642845
上海盛通时代印刷有限公司

开本 787 毫米×960 毫米　1/16　印张 15.5　字数 201 千字
2023 年 12 月第 1 版
2023 年 12 月第 1 版第 1 次印刷

ISBN 978-7-309-15986-8/F·2842
定价:58.00 元

如有印装质量问题,请向复旦大学出版社有限公司出版部调换。
版权所有　侵权必究